ÉVENOR

ET

LEUCIPPE

PAR

GEORGE SAND.

1

PARIS
LIBRAIRIE DE GARNIER FRÈRES,
6, RUE DES SAINTS-PÈRES, ET PALAIS-ROYAL, 215.
—
1856

ÉVENOR ET LEUCIPPE.

Ⓒ

ÉVENOR
ET
LEUCIPPE

PAR

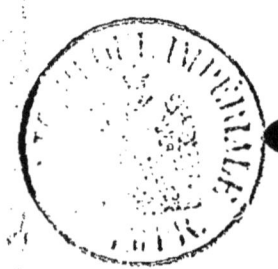 GEORGE SAND.

1

PARIS
LIBRAIRIE DE GARNIER FRÈRES,
6, RUE DES SAINTS-PÈRES, ET PALAIS-ROYAL, 215.
—
1856

L'éditeur se réserve le droit de traduction et de reproduction à l'étranger.
S'adresser, à Paris, à M. Ph. Collier, rue Constantine, 25.

PRÉFACE.

Préface.

En général, une préface est destinée à faire ressortir, le plus modestement que l'on peut, les qualités du livre que l'on présente au lecteur. Il serait mieux entendu de lui en signaler tous les défauts;

dûment averti, il en serait mieux disposé à l'indulgence.

Je vais essayer de cette méthode en disant qu'*Evenor et Leucippe* n'est ni une histoire, ni un roman, ni un poëme proprement dit; que le livre est peut-être fort prosaïque pour ceux qui ne voudraient y trouver qu'une fantaisie, et très-osé pour ceux qui le prendraient trop au sérieux. C'est comme le discours préliminaire, sous forme de récit, d'un ouvrage que j'avais entrepris et auquel je n'ai pas tout à fait renoncé : ouvrage qui serait, à la fois, le roman et l'histoire de l'amour à travers tous les âges de l'humanité. Par amour, je n'entendrais pas seulement l'attrait réciproque des sexes, mais tous les grands amours ; et, pour commencer, le conte d'*Evenor et Leucippe* est tout aussi bien le développement du sentiment maternel que celui du sentiment conjugal.

Voulant faire les choses en conscience, j'ai dû remonter à la manifestation du premier amour intellectuel dont les mythes anciens nous ont transmis la légende, et, trouvant que celle d'Adam et Eve avait été surabondamment amplifiée et commentée, j'ai choisi des types moins arbitraires. Les motifs de ce choix, comme ceux des inductions romanesques auxquelles je me suis abandonnée avec une complaisance que le lecteur ne partagera peut-être pas, on les trouvera à travers le livre, et c'est encore là un des défauts que je dois signaler à la critique pour faciliter son travail et au lecteur pour l'engager à la patience.

GEORGE SAND.

Nohant, 25 août 1855.

INTRODUCTION.

La réation.

Au sein du puissant univers, la rencontre des nuées cométaires engendra un corps brûlant, qui roula aussitôt dans les abîmes du ciel, obéissant aux lois qu'il y rencontra, lois éternelles, dont les accidents les plus formidables à nos yeux ne sont que les conséquences nécessaires d'un ordre préétabli, infini, éternel dans son ensemble.

La suprême loi de l'univers, c'est la vie. Le dispensateur infatigable de cette vie sans repos et sans limites, c'est Dieu. Donner la vie est un acte d'amour. Dieu est donc le foyer universel de l'amour infini.

Ces dépôts, éléments ou débris de matière cosmique qu'on appelle nébuleuses, comètes, astéroïdes, etc., sont comme la poussière créatrice des mondes. Le nôtre en est une condensation et une combinaison quelconque. Leur approche épouvante les hommes, et pourtant la vie est dans le sein de ces foyers mystérieux, répandus dans l'espace.

Ce monde, un des plus petits de ceux qui peuplent l'infini, vécut donc d'une vitalité brûlante, dès l'instant où il prit une marche régulière dans ces champs de l'Ether où sa route venait de lui être imposée. Une masse de substances en fusion s'éteignant et se dévorant sans cesse, tel fut le théâtre du gigantesque incendie qui, durant *des chaînes de siècles véritablement démesurées,* apparut dans les plaines du ciel, comme un imperceptible flambeau, étoile ou comète, pour les habitants des autres mondes.

Révélation ou induction, les mythes des anciens ont une grande profondeur. La vision de l'enfer a eu sa réalité ici-bas. Le règne de Pluton n'est pas un vain rêve. Relégué au fond des entrailles de la terre, le sombre esprit du feu rugit encore par la bouche des volcans; mais il a possédé l'empire de notre monde, il a plané à sa surface, il a fait corps avec lui ; il y a versé des torrents de flammes, il y a promené ses torches fumantes et soufflé ses gaz méphitiques. Soufre et bitume, foudres et brasiers, amalgame ou liquéfaction de métaux, tonnerres effroyables, essor de nuées ténébreuses chassées au loin par les flammes dévorantes, effervescence sans frein du principe chimique, voilà ce qu'attestent les vestiges de ce premier âge de la terre.

Etait-ce donc là la vie ? C'était la *vitalité minérale*, la création de la charpente osseuse d'un monde destiné à appeler la vie dans son sein : donc c'était déjà la vie.

Un second âge transforme radicalement en apparence le destin de cette planète ; mais il ne fait réellement que le modifier. Le principe chimique va être refréné fatalement par ses propres résultats. Ainsi que le combustible se vitrifie dans la fournaise, la masse incandescente s'est solidifiée et un peu refroidie à la surface, et les incommensurables masses de fumée que l'ardeur du feu refoulait dans les zones supérieures de l'atmosphère, vont s'épancher en pluies diluviennes sur le sol encore brûlant.

C'est le règne de Neptune, c'est la lutte prodigieuse des océans qui se forment avec les forces plutoniennes qui se débattent et se tordent, en proie à une longue agonie, une agonie de *plusieurs centaines de mille ans*. C'est l'époque de ces volcans sous-marins dont notre sol porte encore des traces si frappantes, l'époque des flots bouillonnants précipités sur le brasier qui siffle en s'éteignant peu à peu. Longtemps encore l'eau est ardente et les bassins des mers ne sont que d'immenses bouilloires. La terre tremble sous des chocs prodigieux, se fend, s'éclate et vomit ses entrailles.

Qu'est-ce donc que cet épouvantable combat de deux éléments en apparence acharnés à la destruction l'un de l'autre ? **Est-ce la lutte parricide de l'esprit des eaux** né de l'esprit du feu, et de l'esprit du feu refusant l'empire de la terre à cette puissance nouvelle échappée de son propre sein ?

Non, ce cataclysme, dont l'imagination de l'homme ne peut embrasser l'horreur et la durée (à peine perceptible peut-être dans les archives du ciel), ce n'est ni un chaos ni une destruction, c'est un hyménée, c'est un acte de l'amour divin, et le rugissement qui plane sur cette couche brûlante, c'est l'hymne nuptial de la matière qui émet et reçoit le principe d'un nouvel élément de vie.

Oui, c'est la vie organique qui s'élabore et qui lentement surgit sur la terre nouvelle. Les protubérances volcaniques que les eaux n'ont pu engloutir, se dégagent peu à peu à mesure que les cataractes du ciel s'épuisent. Les mers tendent à s'asseoir dans leurs bassins refroidis, les continents futurs apparaissent à la surface des eaux comme des îles dont chaque heure de la création voit agrandir imperceptiblement la surface.

La cendre et la fange, toutes les substances en dissolution, longtemps agitées et promenées dans les flots troublés, se précipitent ou adhèrent. La végétation s'éveille, d'abord muette et mystérieuse au sein des mers, seul réceptacle assez refroidi pour la favoriser, insensiblement épanouie à la surface de la terre.

Au règne des plantes aquatiques, « des lichens, des mousses, des fucoïdes et des autres végétaux des prairies de l'Océan, » succède le règne des fougères « et de toutes les fastueuses arborescences » que brise aujourd'hui la pioche du mineur.

En même temps que la plante, l'animal commence à respirer. Un même principe, principe dès lors nouveau sur la terre, puisqu'il est la combinaison et comme l'enfantement de ceux qui l'ont précédé, appelle le développement des divers modes de la vie. Les premiers êtres « flottent entre la végétation et l'animalité. » Ebauche primitive de la création organique, les zoophytes et les mollusques voient peu à peu surgir autour d'eux les premiers poissons, et au-dessus des poissons, les premiers ovipares « vont vivre à découvert sous le ciel. »

L'embryon est formé, un âge nouveau

se prépare; des types élémentaires s'agitent déjà dans l'humide et dans le sec. Par une progression continue, le règne de Pan s'établit sur la terre, devenue non pas le plus vaste, mais le plus intéressant réceptacle de la vie perfectible ici-bas.

Durant ce troisième âge, les mammifères paraissent, « ils animent par leurs ébats les savanes et les immenses forêts des deux mondes. » Une multitude de types, de mieux en mieux organisés, s'enchaînent dans une échelle de combinaisons progressives, depuis l'animalcule impétueux et vorace qui s'agite dans la goutte d'eau, jusqu'à l'éléphant dont le large et paisible front abrite des instincts merveilleux, peut-être des rudiments de pensée, de mémoire et de prévoyance.

Avant d'assister par l'imagination (elle seule peut éclairer pour nous une pareille scène) à l'éclosion de la vie humaine sur notre planète, tâchons de nous faire une idée de cette opération de la nature qui transforme le principe vital de type en type, comme l'alchimiste transmuait les métaux de creuset en creuset.

Je dis tâchons de nous en faire une idée ;

je ne dis pas tâchons d'en surprendre le spectacle. Il échappera toujours à l'appréciation de nos sens, car c'est un mystère complétement divin, un de ces mystères, dont la vraie religion nous permet de rechercher les causes et les fins, mais dont l'athéisme le plus froidement attentif ne surprendra jamais le fait palpable.

Le croyant ne l'expliquera pas davantage ; mais le croyant aveugle n'y regardera même pas, tandis que le croyant qui veut croire davantage y regardera de tous ses yeux ; car plus il y regardera, plus il se convaincra que si tout miracle n'est qu'un fait naturel, par la même raison, le moindre des faits de la nature est un miracle sublime de l'auteur de la nature.

Prenez une de ces fleurs que l'on appelle papillonacées, et regardez un papillon. N'est-ce pas le même plan qui a présidé à la structure de ces deux êtres? Regardez vingt ou trente fleurs au hasard, vous trouverez vingt ou trente insectes qui leur ressemblent comme couleur ou comme forme. Certains rapprochements seront même si frappants, l'ophrys-mouche, la mouche-feuille, etc., que vous hésiterez entre l'animal et le végétal.

Les ailes supérieures et les pattes d'une sauterelle sont des feuilles de blé et des brins d'herbe ajustés sur un corps qui, lui-même, ressemble à un épi de graminée. Les observateurs sont souvent frappés de ces analogies, et les naturalistes aiment à se persuader que la nature a revêtu certains êtres d'une livrée semblable à celle des milieux qu'ils habitent pour les aider à se dérober à l'œil perçant de leurs ennemis.

Cette explication est naïve, mais n'y en a-t-il pas une plus profonde qui se présente à la pensée? Ces formes et ces couleurs qui se sont imprimées à la substance universelle, pour faire d'abord une plante organisée et ensuite un être mieux organisé encore qui se nourrit dans son sein ou qui voltige dans l'air avec ses parfums, n'est-ce pas une idée produisant une idée plus parfaite, un résultat intellectuel se complétant dans un résultat intellectuel plus complet?

Pourtant ce papillon, qui semble s'être détaché de la branche comme une fleur tout à coup animée et prenant son vol, n'a pas été engendré par cette fleur qui reste à jamais immobile sur sa tige. L'un est bien la conséquence de l'autre, mais il n'en est pas le produit. Ce n'est pas le pollen de la plante qui a donné naissance à cet être découpé comme sa feuille ou nuancé comme sa corolle. La semence du végétal ne s'est pas convertie en œuf d'insecte que le soleil s'est chargé de faire éclore. Cela n'est pas, cela ne se peut pas, cela ne s'est jamais produit.

Il faut donc se garder de croire qu'aucun type soit le moule palpable d'un autre type. Le seul moule, c'est celui où la nature, c'est-à-dire la substance, mise en mouvement par la pensée divine, a jeté successivement toutes ses épreuves, modifiant le moule même après chaque type, mais d'une manière si délicatement progressive que, d'un type à l'autre, on suit l'enchaînement de l'idée, bien que, du point de départ, un caillou, je suppose, jusqu'au point du dernier résultat, l'homme, il y ait un abîme de siècles et un abîme de dissemblances.

Tel est le divin procédé de la nature. La Genèse nous dit que Dieu opéra autrement, et qu'en six jours il fit l'univers ; les jours de la Genèse sont de vastes allégories pour quiconque veut conserver le respect qu'inspire un monument de la foi de nos pères. Mais Dieu, qui ne nous a pas révélé l'âge de l'univers, a du moins écrit lui-même la Genèse de notre planète, dans les entrailles de cette même planète et, à cette lettre morte, celui qui ne se repose jamais, parce que l'amour infini ne connaît point la lassitude, a fait succéder sans lacune la lettre vivante de la création vivante.

Les philosophes du siècle dernier, repoussant à la fois la superstition folle et la foi sérieuse, se sont demandé avec quoi Dieu avait créé le monde, disant qu'avec rien Dieu même ne pouvait pas faire quelque chose. Ils avaient raison : Dieu ne fait pas l'impossible, parce que devant celui qui sait tout, l'impossible n'existe pas.

Dieu n'a pas fait quelque chose avec rien, parce que le *rien* des philosophes railleurs n'existe pas. Quel est donc le coin grand comme l'ongle dans ce vaste univers où il n'y ait *rien ?* Ouvrez le champ de l'infini à la science, ou seulement à la poésie, à la rêverie de l'homme, et elles y chercheront en vain le vide et le néant. Ces trois mots : *vide, néant, rien,* ne sont que des mots destinés dans la langue de l'homme à exprimer les bornes relatives de son savoir et de sa puissance. Quand vous croyez avoir la main vide, elle est encore pleine d'atomes insaisissables dont chacun est un monde. Lorsque, dans le sommeil, votre cerveau est vide de jugement, il est encore rempli de songes et d'images.

Ce n'est donc pas de rien et avec rien, c'est avec *tout*, puisque c'est avec la substance universelle animée par l'amour infini, que Dieu, passant d'un type à l'autre, a créé tous les types s'enchaînant les uns aux autres, sans pour cela émaner les uns des autres par la génération. Chaque espèce créée doit se reproduire *dans son espèce*, dit la Genèse. Si c'est ainsi que l'on veut entendre ce texte, il est formel, il est absolu, et c'est ainsi, pour notre part, que nous l'entendons.

On verra tout à l'heure pourquoi nous insistons nous-même de tout notre pouvoir sur ce procédé du divin artiste; procédé mystérieux, il est vrai, et dont l'opération est tout à fait inconnue à l'homme, mais qui n'en est pas moins inébranlable, comme l'homme peut s'en convaincre par lui-même.

En effet, l'homme essaie à son tour de

créer des êtres nouveaux en modifiant ceux qui servent à ses besoins ou à ses plaisirs. L'industrie humaine fait éclore, par la greffe et le croisement, des variétés de fruits, de fleurs ou d'animaux que le jardin de l'Eden n'a point offerts aux regards des premiers hommes ; mais ces résultats de l'art sont éphémères. Il faut les entretenir par les soins de la vie domestique, sinon la nature reprend ses droits ; la plante et le bétail dégénèrent rapidement, la variété artificielle s'efface et le type sauvage reparaît dans toute sa puissance. Le procédé de l'homme, pour ingénieux et savant qu'il soit, n'atteint donc jamais les sources du grand fleuve de la vie, et s'il en détourne un instant de légers filets, pour peu qu'il cesse de les contenir dans sa main, il les voit retourner avidement à leur lit naturel. Que l'homme ne se demande donc pas comment de rien Dieu fait quelque chose ; qu'il se demande plutôt comment de quelque chose l'homme ne peut rien faire qui ait le cachet ineffaçable de l'œuvre de Dieu.

Disons quelle est l'importante conséquence de ce principe, car, bien que l'apparition de l'homme sur la terre caractérise, après de nouvelles chaînes de siècles incommensurables, un âge nouveau, l'âge que le philosophe (1) dont nous adoptons la division, nomme l'âge de *Jupiter père des humains;* bien que l'apparition de ce nouvel être tende à modifier la face des choses d'ici-bas, la gradation a été si peu sensible que c'est dans le même regard, étendu sur la chaîne entière des êtres, que nous devons apprécier la perfection de ses derniers résultats. Disons donc à quoi nous avons voulu répondre en distinguant l'enchaînement de la *création* de celui de la *génération.*

(1) Jean Reynaud. Voyez *Ciel et Terre.*

L'homme n'est-il pas le fils du singe? Voilà ce que les esprits un peu initiés aux nouveaux systèmes de l'histoire naturelle demandent avec une inquiète ironie aux experts dans cette science. Et certains de ces experts hésitent à répondre, entraînés par le réalisme de leurs observations à dire oui, mais attristés, effrayés de la conséquence ignoble et révoltante de leur assertion.

Eh bien! ce n'est pas aux naturalistes proprement dits à résoudre la question horrible; c'est aux savants qui ont étudié la nature en observateurs, en anatomistes, en philosophes, en artistes, en métaphysiciens et en moralistes. Ecoutez ces grands esprits : ils vous diront que l'homme est vraiment le fils de Dieu, tandis que toutes les créatures inférieures ne sont que son ouvrage (1).

---

(1) Un jeune poëte a résumé ces interrogations, que son espoir domine, par des vers simples et forts :

> Je cherche vainement le sein
> D'où découle notre origine.
> Je vois l'arbre, — mais la racine?
> Mais la souche du genre humain?
>
> Le singe fut-il notre ancêtre?
> Rude coup frappé sur l'orgueil !
> Soit ! mais je trouve cet écueil :
> Homme ou singe, qui le fit naître?
>
> (*Le Banquet*, poëme, par Henri Brissac.)

Voyons quelle serait la genèse des naturalistes réalistes proprement dits. Un couple d'animaux cyniques, malfaisants, hideux, perdu dans quelque forêt éloignée de son domicile accoutumé, aurait été surpris par une de ces grandes évolutions de la nature qui transforment matériellement les êtres, ou seulement dans un milieu déjà existant, mais non encore pratiqué par l'espèce en question. Voyons ce qu'il en advient.

Ces animaux essaient en vain de vivre dans ces conditions anormales ; ils s'y reproduisent dans l'accablement ou dans l'excitation d'un état maladif; puis ils meurent, ils disparaissent, laissant à la face du ciel un autre couple d'êtres modifiés qui participent de leur nature et d'une nature nouvelle. Ce couple, soumis à des hasards du même genre que ceux du couple qui l'a produit, peut, au bout de quelques générations, faire apparaître la race humaine. Quels sont ces couples intermédiaires? Nous les supposons ici pour rendre l'hypothèse plus admissible, bien que la science ne les connaisse pas et n'en ait retrouvé aucune trace matérielle. Quels qu'ils soient, pour être logique, le naturaliste réaliste doit voir le premier être qui, par le don de la parole, mérite le nom d'homme sous l'aspect de l'homme qui rappelle le mieux le type du singe; par conséquent, l'*Adam* de cette Genèse est un de ces effroyables sauvages des mers du Sud qui outrage toute femme qu'il rencontre, après l'avoir à moitié tuée (1).

Détournons nos regards de cette origine. Admettons, puisqu'il le faut, qu'il y

---

(1) Un historien très-savant arrive à de pareilles conclusions par une voie toute opposée. A force d'expliquer les mythes anciens, il voit la première postérité d'Adam, les peuples primitifs, violant leurs propres filles et mangeant leurs enfants. O Jean-Jacques, qu'aurais-tu pensé de cette forêt primitive!

a des races, soit dégradées par l'isolement de la vie sauvage, soit placées moins favorablement, dès leurs premiers pas dans la vie, pour acquérir, à moins de longues épreuves, le degré d'intelligence qui caractérise l'homme complet ; mais ne nous laissons pas imposer les premières ébauches de la création humaine pour les ancêtres directs de nos races perfectibles ; repoussons l'idée étroite et fataliste de la création continue par voie de génération continue.

Quant à la chute de l'homme, qui aurait fait descendre fatalement certains membres de sa postérité à l'état de dégradation où nous voyons aujourd'hui certaines peuplades sauvages, ne prenons point le mythe d'Adam pour un récit à la lettre. De même que *chaque strate de pierre est un feuillet de la Genèse* par rapport à l'ordre et à la durée de la création antérieure à l'homme, de même chaque progrès de l'esprit humain, soit dans la voie du mal, soit dans celle du bien, embrasse probablement des périodes de siècles que ne comporte pas la courte existence d'un seul couple d'individus. Rassurons-nous, d'ailleurs : le fruit de l'arbre de la Science n'a pas encore été cueilli, et la pauvre Eve n'a pu qu'en respirer avec ardeur le mystérieux parfum. Si ce fruit merveilleux n'était pas encore à l'arbre du paradis, gardé par le dragon de l'ignorance, si nous avions reçu de notre première mère la connaissance nette et durable du bien et du mal, le mal serait détruit, et le serpent aurait depuis longtemps la tête écrasée. C'est notre ignorance à tant d'égards qui perpétue sur la terre le règne de Satan, car le mal relatif n'est que l'ignorance du bien absolu.

Pourtant, s'il nous fallait choisir, pour comprendre l'existence de l'homme, entre cette Genèse de Moïse, avec sa riante poésie et sa sombre fatalité, et celle que nous venons d'ébaucher, nous préférerions de beaucoup la première. Si elle fait Dieu injuste et cruel, du moins elle le laisse à l'état de Dieu tout-puissant, en relations avec l'œuvre de ses mains, tandis que l'autre hypothèse ne fait de lui qu'une loi active de la matière, livrée à ses propres caprices de reproduction.

Maintenant que nous avons écarté, non par la force de nos raisonnements, mais par la protestation de notre âme, la filiation génératrice de l'animalité, nous pouvons envisager l'homme, sorti à son heure de l'action fécondante de l'amour divin avec la substance universelle. Certes, entre ce nouvel être et ceux qui ont précédé sa venue, il s'est manifesté des types qui sont comme des images inachevées de sa structure générale ; mais, par la raison qu'elles sont restées vivantes, et à jamais inachevées, ces ébauches n'ont pu engendrer l'image complète et achevée de l'homme. Le singe est resté singe, selon l'ordre de Dieu : *Croissez et multipliez chacun selon votre espèce.*

Quels sont les traits essentiellement distinctifs entre l'homme et les derniers anneaux de la chaîne de créatures qui l'ont devancé? Les métaphysiciens nous disent : L'homme est l'être qui pense, c'est-à-dire celui qui se connaît, celui qui peut dire *moi*. Les philosophes ajoutent : C'est celui qui cherche, c'est-à-dire celui qui a l'inquiétude et le besoin du progrès, en attendant qu'il en ait le désir et la notion. Les naturalistes disent : C'est celui qui parle, c'est-à-dire celui qui sait exprimer ses idées et ses volontés.

A nos yeux, ces trois points essentiels en appellent un quatrième. L'homme se connaît par l'intelligence ; il peut ne chercher le progrès que par un besoin d'intelligence; il peut n'avoir trouvé la parole que par un effort de l'intelligence. Cette triple faculté de penser, d'agir et de parler peut partir d'un même foyer, l'amour de soi, l'intérêt personnel, l'égoïsme. J'oserai donc ajouter : l'homme est celui qui peut aimer, car il me faut l'homme complet, tel qu'il a été conçu par la pensée divine.

D'ailleurs, j'oserai encore dire que la différence de la pensée, de l'action et du langage de l'homme, avec la pensée, l'action et le langage des animaux, ne me paraît pas établir une distinction assez tranchée entre l'homme et l'animal. L'animal, dans les espèces qui approchent le plus de l'organisation humaine, pense, agit et parle jusqu'à un certain point; et, dans les espèces les plus infimes, il y a encore des instincts de prévoyance et des codes d'association qui entraînent impérieusement la faculté de s'entendre par un langage quelconque. Le monde des fourmis et celui des abeilles ne nous ont pas révélé le mystère de leurs manifestations individuelles. Là, l'industrie et l'activité règnent avec un ordre et une persistance dont le genre humain n'offre aucun exemple. L'*instinct* me paraît un mot bien vague pour expliquer cette uniformité de destinées providentielles des êtres non progressifs. Entend-on par là une loi fatale, résultat matériel de l'organisation? Il n'y a, dans aucune organisation, des résultats purement matériels. Toute action, tout vouloir vient de l'esprit commandant à la matière. Je ne puis donc voir, entre l'industrie du castor et celle de l'homme qu'une différence du plus au moins ; par conséquent, entre le langage de l'homme et celui du castor que la différence d'une grande extension d'idées à une extension plus limitée.

Et qui osera nous dire qu'aucune langue

humaine soit aussi belle, aussi étendue, aussi variée que le chant mystérieux du rossignol? Si l'on considère ce chant comme une simple expression de joie et d'amour, où trouver une expression plus complète et plus pénétrante? Si ce n'est qu'une délectation musicale, l'oiseau est un grand artiste ; si c'est un langage, l'oiseau est bien éloquent. L'homme l'écoute avec ravissement, et cette mélodie le transporte véritablement dans les rêves de l'Eden.

Si certains animaux nous paraissent muets, c'est que, ou nos perceptions ne sont pas assez fines pour saisir leur voix, ou ils s'entendent au moyen d'une pantomime encore plus insaisissable. Si d'autres nous paraissent répéter à satiété un cri ou un râle monotone, indice d'une volonté ou d'un besoin toujours les mêmes, c'est peut-être que nous ne savons pas l'écouter avec assez de délicatesse ou d'attention pour reconnaître une infinité d'inflexions différentes dans le son de cet instrument monocorde. Tout est mystère dans ce monde où nous ne pouvons pénétrer que par l'observation des faits extérieurs. Aussi les traits d'intelligence extraordinaire de certains animaux nous jettent-ils dans une grande stupeur ; et certains naturalistes, habitués à surprendre ces phénomènes, arrivent-ils insensiblement à mettre l'instinct de la brute au-dessus de l'intelligence humaine.

Pour moi, j'avoue que cela me paraît jouer sur les mots. Il n'y a pas de brute dans le monde organique un peu développé. Tout instinct est une part plus ou moins restreinte de l'intelligence émanée du même principe divin. Cette intelligence, admirablement départie à chaque espèce dans la mesure de ses besoins, produit dans la pensée, dans l'activité, dans le langage de chacune, des résultats analogues en ce qui touche aux instincts de conservation et de reproduction de l'espèce et de l'individu. Toutes, jusqu'à un certain point, savent dire *moi*, puisque toutes savent chercher, saisir ou persuader, enfin posséder leur *non-moi*. Toutes savent conserver avec des soins infinis le germe de leur reproduction, soit en lui préparant des demeures d'une solidité et d'une commodité admirables, soit en le déposant dans des retraites et dans des conditions essentiellement favorables à son éclosion (1).

(1) Personne ne croit à l'amour maternel de la femelle du papillon, qui doit mourir avant de voir éclore

La véritable supériorité de l'homme n'est donc pas seulement dans son intelligence, car on pourrait combattre les avantages de cette supériorité à un point de vue matériel, il est vrai, mais avec des raisons fort spécieuses. A un point de vue moral, la pureté et la simplicité des grandes âmes peuvent encore plaindre les faux besoins du luxe orgueilleux de l'homme plutôt que de les admirer. C'est cette pensée qui faisait dire à Jésus cette sublime chose : « Voyez les lis des champs ! Ils ne

ses pontes. Pourquoi, dans certaines espèces, se dépouille-t-elle le ventre, pour que cette ouate protége ses œufs contre le froid ?

» travaillent ni ne filent, et pourtant, je
» vous le dis, Salomon, dans sa gloire, n'a
» jamais été vêtu comme l'un d'eux ! »

Mais, pour que l'excellence de l'homme au faîte de la création soit sensible et indiscutable, il faut le prendre au point de vue complet, il faut regarder dans son cœur autant que dans sa tête et dans tous ses organes ; il faut le vouloir tel que Dieu l'a fait ou l'a destiné à devenir, c'est-à-dire plus aimant, plus parfait dans l'amour que tous les autres êtres du monde qu'il habite.

En ceci, l'homme est vraiment plus que

l'ouvrage de Dieu, il est le fils de Dieu. L'essence du principe créateur étant amour, depuis la formation brûlante du roc que nous habitons jusqu'à notre apparition sur ce globe transformé peu à peu en paradis terrestre, nous n'y avons été appelés que par l'amour et pour l'amour. La création matérielle s'étant reposée à cette heure-là sur la terre, un autre mode d'activité devait continuer l'activité éternelle. Dieu ne pouvait nous abandonner à nos penchants dans la somme de liberté dont il nous dotait, sans nous munir d'une somme équivalente d'idéal divin. Il nous mit donc l'amour au cœur, non plus seulement la passion instinctive qui préside à la génération des êtres, mais un amour d'une nature plus exquise, aspirant à l'infini et par cela même émanant de l'amour divin.

L'homme, né sociable, devait aspirer à la société dès ses premières manifestations dans la vie : mais les sociétés devaient-elles réaliser l'association d'intérêts positifs d'une ruche ou d'une fourmilière? Non ; l'homme devait faire entrer rapidement dans ses premiers besoins d'association l'amour étendu à tous les objets de sa vie : Dieu, la famille, la patrie, l'humanité.

Ces divers amours n'en font qu'un dans l'âme complète. Ils s'alimentent les uns par les autres, et quand l'âme en laisse périr un seul, tous les autres en sont mortellement atteints. Cet amour complet était donc en germe dans le sein du premier homme, autrement il n'eût pas été homme.

LE PARADIS TERRESTRE.

Le Paradis terrestre.

Mais nous faisons-nous une idée bien logique de la création en adoptant la tradition mythique d'un premier homme, et en voyant naître à ses côtés une première femme qui va remplir à elle seule, avec lui seul, la terre de sa postérité! Les traducteurs compétents trouvent, dans la Genèse même, un sens collectif au nom d'Adam. Mais nous n'avons pas à discuter les sources de la croyance générale sur le terrain de la théologie. D'autres l'ont fait avec tant de science, de grandeur et d'équité, que nous n'y saurions rien ajouter, et le sujet est trop vaste pour en rien extraire.

Contentons-nous de remonter, par la conscience, à la sagesse de l'œuvre divine. L'homme isolé de l'homme aurait-il pu vivre un jour ici-bas? Les anachorètes portaient au désert la notion, le souvenir et la pensée incessante de l'humanité. C'était pour fuir ses égarements, pour pleurer sur ses douleurs, pour prier Dieu de lui pardonner, qu'ils se retiraient dans la solitude. Mais l'homme, enfermé dès sa naissance dans une solitude, même dans une solitude enchantée, l'homme ne faisant qu'un avec une compagne aussi dénuée que lui de la notion de l'humanité collective, eût-il pu reproduire des êtres intelligents et sociables? Non, il n'eût pu donner la vie à des hommes, n'étant pas homme lui-même.

Les hommes, selon nous, ne sont donc pas entrés par un couple isolé dans la vie, comme des types dans une collection. Les mêmes conditions nécessaires d'existence venant à régner pour eux sur la terre, ou sur une notable portion de la terre, l'espèce y a été appelée par le vœu créateur en masses plus ou moins imposantes. Une seule graine peut bien envahir un champ, un seul nid peut bien peupler une forêt, mais l'homme n'est ni plante ni bête. Il a une âme plus étendue qui meurt quand un amour, plus étendu que celui qui a pour but unique la reproduction, ne vient pas la féconder.

Les hommes et les femmes ont donc dû

éclore par groupes sur les sommets de la terre, aussitôt que le sol, l'air et les fruits se sont harmonisés avec les conditions de la vie humaine. Couronnement de la création, les premiers humains s'y sont trouvés répandus comme les fleurs d'une guirlande qu'une main divine rapproche pour les réunir.

Et cette main divine qui tressa la couronne, c'est l'attraction de l'amour réciproque qui appela à se rassembler en sociétés les groupes épars de la famille humaine.

Quelles furent ces sociétés primitives

auxquelles, vu leur exiguité présumée, on donne le nom de familles ou de tribus? L'homme d'aujourd'hui ignore leurs éléments, leurs formes et leur durée. Il ne les raconte que par des symboles bibliques ou mythologiques, qui tous leur attribuent une origine céleste placée dans le rêve d'un âge d'or.

L'âge d'or, disent les philosophes de notre temps, n'est par derrière nous, il est en avant de nous. Si, par âge d'or, ils entendent un état complet d'innocence sans civilisation suffisante, je crois qu'il est derrière nous, et que nous n'y retournerons jamais. S'ils entendent un état de vertu éclairée, une notion complète de la vie amenant les hommes au véritable amour, ils ont raison, l'âge d'or est en avant de nous. Nous avons pour mission de développer ces germes qui couvaient, sans secousse violente, dans l'enfance de l'humanité candide, et qui ont germé depuis sans périr, au milieu des orages des passions et des apparentes déviations du progrès moral.

Avouons d'ailleurs qu'il nous en coûterait à tous, du moins à tous ceux d'entre nous qui cultivent l'idéal dans le passé, dans le présent et dans l'avenir, de renoncer à ce beau jardin de la création, à ces mœurs paradisiaques du premier âge de notre race, à cet Eden enfin qui a été le rêve et comme le poëme de notre enfance, depuis la première rédaction des souvenirs de l'humanité jusqu'à nos jours.

Est-il bon de mépriser cette tradition, ce vague souvenir peut-être d'un paradis perdu, que notre imagination se représente sous l'aspect qui plaît à chaque nature d'esprit, et où l'âme s'attache instinctivement jusqu'à se sentir navrée d'un étrange et mystérieux regret? La tradition

est un des éléments de notre croyance ;
elle répond au sentiment, qui est une des
puissances de notre être. Admettons donc
un âge d'or, rentrons par l'imagination
dans la forêt primitive de Jean-Jacques
Rousseau, dans l'Atlantide de Platon, dans
ce jardin de délices des Orientaux, où
l'homme conserva la pureté angélique,
les uns disent cinq cents ans, les autres une
demi-journée. Les traditions ont pris, chez
les Orientaux surtout, des formes allégo-
riques si nombreuses et si variées dans
leur unité de plan, que si l'on veut recom-
poser le poëme du Paradis perdu (Milton

a puisé dans toutes ces sources), on n'a que l'embarras du choix.

Voulez-vous que les premiers ancêtres du genre humain s'appellent Evenor et Leucippe? *Écoutez Socrate, un récit très-peu vraisemblable et cependant très-vrai, s'il faut en croire Solon, le plus sage des sept sages :* « L'Atlantide est une île enchantée, au
» centre de laquelle est une petite mon-
» tagne habitée par *un de ces hommes* qu'on
» dit sortis du sein de la terre. » Neptune entoura de retranchements la colline d'Evenor, par jalousie sans doute, car il était épris de la belle Clyto, fille unique de

ce fils de la terre. « L'île fournissait en
» abondance tout ce qui était nécessaire à
» la vie... Il y avait des mines d'oricalque,
» métal qu'on ne connaît plus aujour-
» d'hui que de nom, et qui ne le cède
» pour le prix qu'à l'or. La terre nourrissait
» une foule d'animaux tant domestiques
» que sauvages... on y voyait jusqu'à des
» éléphants. » Les descendants d'Evenor,
fils de Neptune par l'hymen de ce dieu
avec Clyto, firent de l'Atlantide un
royaume des Mille et une Nuits. « Le tem-
» ple de Neptune (c'est toujours Platon
» qui parle), revêtu d'une couverture d'or,
» avait un stade de long. Sa hauteur était

» proportionnée à son étendue ; mais son
» architecture était d'un goût bizarre. On
» avait représenté, dans le sanctuaire,
» Neptune debout sur un char attelé de
» six chevaux ailés, d'une telle stature
» que la figure touchait à la voûte de l'é-
» difice ; autour du char étaient cent Né-
» réides assises sur des dauphins..... Les
» Archontes furent, *pendant un grand nom-*
» *bre de générations,* justes, puissants et
» heureux. A la fin, le luxe amena la dépra-
» vation des mœurs et le despotisme... »

« Jupiter, indigné, et résolu à punir les
» crimes des Atlantes, convoqua les im-
» mortels au centre de l'univers, là où il

» contemple toutes les générations, et
» quand ils furent assemblés..... »

Le reste du texte manque; mais cette colère de Jupiter, père des humains, ne présage-t-elle pas l'exil de l'Éden, le paradis perdu? D'après cette version, que Platon dit avoir été communiquée à Solon par un prêtre de Saïs, on ne voit pas que le premier homme ait perdu l'innocence céleste; mais le dieu Neptune remplace le serpent tentateur; il séduit, non pas la femme, mais la fille d'Évenor; il élève ses enfants dans un paradis retranché qu'il peuple ensuite de sa descendance; mais, en même temps qu'il a donné aux hommes nouveaux de sages lois et beaucoup de science, il les livre à la corruption des richesses et appelle ainsi sur leur tête les foudres de Jupiter.

Les thalmudistes ont une foule de variations sur le thème sacré de la Genèse. Les rabbins disent que le premier homme était si grand que sa tête touchait le ciel. C'est un symbole de la grandeur intellectuelle et de l'essence divine de la créature. Les anges en furent jaloux, et Dieu réduisit la taille de l'homme à mille coudées de haut. Il approchait encore de la nature des anges, il avait connaissance de Dieu et de ses attributs, « il n'ignorait même pas le nom » incommunicable de Dieu, car Adam » ayant imposé le nom à tous les animaux, » Dieu lui demanda : Quel est mon nom ? » Adam répondit : *Jehovah*, celui qui » est (1)..... »

« ..... Quelques-uns se sont imaginé » qu'Eve était le fruit défendu auquel » Adam ne pouvait toucher sans crime... » que Caïn était le fils du serpent... que les génies ou les esprits sont nés d'Adam et

(1) Dom Calmet.

de sa première ou seconde femme, nommée Lilith.

« Certains hérétiques, dits ophites ou
» serpentins, croyaient que le serpent
» tentateur était Jésus-Christ, et ils nour-
» rissaient un serpent sacré (1). »

On sait le culte du serpent dans

(1) En somme, le révérend Dom Calmet ayant rapporté le chapitre de la Genèse, dit : « Voilà tout ce que
« Moïse nous apprend de ce premier père; mais les in-
« terprètes n'en sont pas demeurés là. Ils ont formé
« mille questions sur son sujet. Il est vrai qu'il n'y a
« aucune histoire qui fournisse un plus beau champ
» aux questions sérieuses et intéressantes. »

toute l'antiquité, et comme quoi il était le symbole, non du mal, mais de la science.

Les mythes Banians mènent les premiers fils d'Adam dans des contrées lointaines, et racontent d'une façon romanesque leurs mariages. Ils étaient quatre d'humeur différente. Bramon tenait de la terre : il était d'un esprit sérieux et mélancolique, Dieu lui confia le livre des lois divines et l'envoya vers l'Orient. Il y trouva une femme grave et pieuse comme lui, qui l'agréa pour époux et fut la mère d'un grand peuple. — Cuttery, second fils d'Adam, tenait du feu : il avait l'esprit martial et guerrier, Dieu lui donna une épée et l'envoya vers l'Occident. Il y rencontra l'épouse qui lui était prédestinée, mais elle ne se rendit point sans combattre, car elle était forte et armée comme lui.

Le troisième fils d'Adam était Schudderi; il tenait de l'eau. Son esprit était doux et liant. Dieu lui donna des balances et un sac, et le destinant au commerce, l'envoya vers le Septentrion. En chemin, il ramassa des perles et des diamants, et c'est par là qu'il gagna le cœur de celle qui devait peupler le Nord avec lui.

Le quatrième fils d'Adam, Urise, tenait de l'air. Il avait l'esprit ingénieux, subtil et porté aux arts. Dieu lui donna des instruments de mécanique et l'envoya au Midi. Il y bâtit un palais magnifique au bord de la mer. La femme qu'il cherchait vint admirer cette merveille; mais, pudique ou méfiante, elle se retira aussitôt qu'il descendit pour lui parler. Il la suivit et la persuada par de douces paroles.

Cette Genèse indienne doit être charmante dans l'original. On y voit les quatre types du prêtre, du guerrier, du commerçant et de l'artiste nettement dessinés, et j'imagine que les quatre types de femmes sont le symbole des quatre principaux types de nation qui reçurent, de la famille du premier législateur, la civilisation descendue peut-être des sommets bénis de l'Atlantide.

Le champ est donc ouvert à l'imagination, et il ne tient qu'à toi, Lecteur, de rêver ton Eden et ton poëme. Cherchons-le ensemble.

Et d'abord, serons-nous préadamites ? J'avoue que, pour mon compte, je me risquerai de bon cœur dans cette croyance de saint Clément d'Alexandrie, un des plus grands, des plus beaux et des plus charmants esprits qui aient honoré les lettres et la philosophie.

Tout le monde sait en quoi consiste l'hypothèse des préadamites. Selon eux, *les Adams* des diverses cosmogonies ne seraient ni le premier ni le dernier type de la race humaine. Plusieurs types analogues nous auraient devancés sur la terre, plusieurs autres types seraient appelés à nous succéder. — En d'autres termes, avant que la terre fût un séjour approprié à l'existence de l'homme organisé tel que nous le connaissons, ce théâtre de la vie ayant déjà subi des modifications successives, la sagesse divine, aidant la vertu naturelle des choses, y aurait fait éclore des êtres non pas identiques, mais analogues à l'homme de nos jours : c'est-à-dire des serviteurs intelligents de la pensée divine, des espèces d'hommes, rois de la création particulière dont ils étaient environnés, agents débonnaires ou terribles du progrès éternel, habitants nécessaires de cette station sur la route des cieux que nous appelons notre monde.

La science géologique se croit fondée à donner un démenti formel à cette supposition. Son grand argument n'est pas l'impossibilité où l'homme serait de vivre dans les conditions antérieures à son existence actuelle, puisque avec un léger effort d'induction elle peut supposer des habitants dans les autres astres où les conditions de la vie sont très-différentes, et que, pour admettre des hommes antérieurs à nous, il faut faire un effort d'imagination beaucoup moindre. Supposez, par exemple, une modification nullement monstrueuse, peu apparente, peut-être, dans les organes respiratoires, dans le système nerveux, dans la nature des tissus, dans la qualité du sang. Mais la science est positive, ce qui la rend très-bornée, aussi bornée que le témoignage des sens, devant les questions philosophiques. Elle veut, elle doit (il faut lui tenir compte de ses devoirs) retrouver des preuves matérielles, palpables, de tout ce qu'elle avance. La preuve par le fait lui manquerait donc jusqu'ici pour accepter l'hypothèse du préadamisme, la preuve par le vestige. Elle trouve, dans les couches superposées de l'écorce du globe, les ossements fossiles des animaux dont les traces ont disparu. Elle n'y retrouve pas ceux de l'homme, ni d'aucun être qui semble avoir pu occuper sa place et remplir sa mission dans les âges antérieurs à son apparition sur la terre (1).

Serons-nous donc arrêtés par l'absence de la preuve par le squelette, quand la terre entière nous raconte la preuve par l'esprit? quand toutes les traditions nous parlent de nos ancêtres mystérieux et nous transmettent leurs révélations, leurs influences, leurs noms et leurs figures symboliques?

(1) On trouve cependant des crânes fossiles de peaux rouges et de nègres éthiopiens.

Ne pourrions-nous pas dire que la science géologique est encore dans l'enfance, puisque nous voyons ses plus grands révélateurs avouer leurs incertitudes et n'obtenir de véritables progrès que par la voie de l'induction? Sait-elle dans quelles profondeurs du globe, des révolutions dont elle ignore le détail exact et rigoureux, ont pu faire pénétrer la dépouille des races humaines antérieures? Ne découvre-t-elle pas tous les jours des empreintes dont elle n'a pas encore pu reconstruire la cause organique, ou n'en découvrira-t-elle plus?

Et d'ailleurs, a-t-elle saisi, prévu et reconstruit, dans des calculs sans appel, les causes de dissolution de certaines poussières, à des moments donnés de la tourmente atmosphérique, ou de la fusion minéralogique? Quand, du sein des profondeurs inconnues de l'abîme sont sorties, à l'état de pâte, les chaînes de granit et de calcaire qui ont élevé jusqu'aux nuages, jusqu'au séjour des neiges, leurs incroyables mélanges d'agrégats et de combinaisons diverses, que n'ont-elles pas broyé, dissous, englouti, anéanti ou transformé, ces opérations chimiques et physiques de la création successive?

Nous ne posons pas de bornes à la science dans l'avenir. Nous croyons qu'elle viendra, par un admirable accord de preuves, expliquer un jour les prétendues rêveries que nous regardons comme les mythes profonds de l'origine de l'être intelligent. Jusque-là, nous n'avons pas le droit de mépriser les *fables* que les esprits les plus sérieux ont tant méditées, et que l'on ne peut aborder sans vertige, sans terreur ou sans ivresse, à moins que, comme au siècle dernier, on ne prenne le parti d'en rire, ce qui est plus facile que concluant.

Le récit que nous allons offrir au public

n'a pas la prétention d'être autre chose qu'une œuvre de notre imagination. Ce n'est pas à nous qu'il aurait bonne grâce à demander autre chose. Cependant l'imagination a sa limite dans un certain cercle d'inductions admissibles, et l'on peut même dire qu'elle ne se sent à l'aise dans le roman que quand elle a pu bâtir d'avance un mur protecteur entre elle et la folie. C'est à cette seule condition que le lecteur, personnage éminemment raisonnable, puisqu'il représente le bon sens général, veut bien consentir à la suivre.

Il est bien entendu qu'en présentant à

travers notre fiction personnelle un certain ordre de faits, nous ne prétendons pas le faire admettre sous la forme où il nous est apparu ; mais nous rappellerons au lecteur quelques-unes des formes que lui donne l'antiquité.

Une des plus frappantes, parce qu'elle répond, pour ainsi dire, à un besoin de la raison, est la notion traditionnelle de la race *antélunaire,* appelée ainsi parce que, selon ceux qui prenaient la lettre des croyances, elle avait précédé l'apparition de la lune dans les cieux ; parce que, suivant ceux qui s'attachaient à l'esprit, elle avait occupé la terre à l'époque où sa surface n'était qu'une vaste forêt impénétrable aux rayons des astres. Cette race, *née du chêne,* mère ou aïeule de celle qui était *née du rocher*, a porté les noms de géants, de fils de dieu ou des dieux, de demi-dieux, de titans, d'anges, de démons, de gnômes, de fées, de dews, d'égrégores, de dives, etc. Comme il nous faut prendre un de ces noms pour la désigner, acceptons le dernier comme le moins fantastique de tous, et comme indiquant une origine commune à tous les êtres intelligents émanés du sein de Dieu.

Dans toutes les théogonies, cette race, ou plutôt ces races, car on en supposait plusieurs successivement créées et disparues, ont laissé l'impression d'une puissance terrible, surnaturelle, finissant dans la rage des combats, sous l'implacable main, non des faibles mortels, mais des dieux vengeurs. Selon les poëtes antiques, qui tous furent des théologues, ces races étaient nées de divers éléments. Les unes étaient filles du feu, les autres de l'air, etc. Il était de la nature de l'imagination humaine, toujours si logique dans ses aberrations et si pénétrante dans son ignorance, de reconstruire un monde intellectuel organisé, présidant à toutes les phases de la création terrestre; et si l'on peut supposer que les formes données à ces intelligences furent des rêveries poétiques, il est cependant impossible de nier quoi que ce soit d'un passé où nul n'a pu pénétrer, que par les yeux de l'esprit.

Laissons donc à Dieu seul la claire vision du secret des siècles comme de celui de l'éternité. Nous ne serons ni impies, ni insensés, ni adonnés à la magie, en établissant simplement quelques inductions tirées du principe même de la raison dans la foi.

Dieu, présidant à toutes les créations de l'univers infini, ne dut jamais en abandonner aucune aux simples évolutions de la matière. La matière, privée du souffle de la vie spirituelle, n'existe en aucun temps, en aucun lieu. Pierres et ossements sont encore des dépôts de vie organique qui n'attendent que les combinaisons nécessaires (l'hymen divin) pour servir de sanctuaires ou de foyers à l'éclosion d'une vie nouvelle. Là où la vie est inerte, elle n'a pas cessé d'être. Elle sommeille, ou elle attend; et que la vie repose ou s'arrête, qu'elle s'agite mécaniquement ou qu'elle ait conscience de sa volonté, qu'elle rêve ou qu'elle pense, qu'elle engendre ou qu'elle aime, toujours l'amour divin plane sur elle, la résout, la remanie, la protége et la perpétue.

Mais si l'amour divin préside sans cesse à ces évolutions de la substance, il est difficile de concevoir que, dans une création déjà formée, déjà plantureuse, déjà occupée par la vie organique, le type supérieur, le type qui pense et agit librement, soit longtemps absent. L'apparition tardive de l'homme sur la terre riche, belle et parée d'animaux et de plantes, ne s'expliquerait que par une occupation d'hommes antérieurs ressemblant à l'homme par les traits essentiels du corps et de l'âme, mais appartenant cependant à une organisation dont la force vitale se puiserait dans une autre atmosphère, dans un autre genre d'alimentation, d'habitudes et de besoins. C'est probablement ce que pensait saint Clément d'Alexandrie ; c'est ce que pensèrent beaucoup de savants rabbins. Enfin, c'est une croyance générale qui, raisonnée, devint une opinion chez quelques Orientaux. Quand on leur demandait si Dieu créerait encore des hommes nouveaux avant la fin du monde, ils répondaient : *Voulez-vous donc que le royaume de Dieu reste vide, et sa puissance oisive? Dieu est créateur dans toute son éternité.*

L'erreur des poëtes théogoniques de l'antiquité fut, dira-t-on, de supposer le règne de la vie humaine contemporain des cataclysmes de la création, durant lesquels aucune vie organique ne pouvait subsister ici-bas. Ils ne furent pas si insensés, ils placèrent ces êtres dans le chaos des éléments et en firent des dieux.

Ils n'en firent pourtant pas de purs esprits (1); ils leur supposèrent une vie organique, corporelle, et par conséquent des passions. Leur imagination se prêta donc à une supposition que la raison moderne, éclairée par le progrès des sciences, ne peut pas rejeter : c'est que les diverses combi-

---

(1) Le mythe des Hébreux que nous avons soudé au christianisme, ne fait pas non plus de ses géants, enfants de Dieu, des essences éthérées, puisqu'il les unit aux filles des hommes. Nous ne faisons cette remarque que pour les personnes qui prennent le mot de *géant* à la lettre dans les livres sacrés. Il est fort contestable que ce mot ait le sens matériel qu'on lui a longtemps attribué. L'apparition de ces géants dans la Bible est postérieure à la création de l'homme; elle arrive, par voie de génération, entre l'ange et la femme; elle constitue une légende tout à fait en dehors de notre sujet.

naisons de la substance des mondes doivent produire, dans ces mondes qui peuplent le ciel, des combinaisons variées d'organismes et une foule d'êtres appropriés à la foule des milieux qu'elles occupent.

De cette hypothèse à celle des habitants célestes du feu, du vent et des eaux, à la fable des cyclopes, des tritons et des fils d'Éole, il n'y a qu'un pas. Seulement l'imagination se charge d'habiller à sa guise la conséquence du principe admis par la raison. Nul astronome ne peut affirmer que l'atmosphère embrasée du soleil soit un empêchement absolu à l'existence d'êtres organisés vivants sur la face du soleil; seulement ils nous disent que cette organisation ne peut être semblable à la nôtre, et nous n'en doutons pas.

Pourquoi donc notre planète en fusion n'aurait-elle pas eu, comme les autres astres brillants ou transparents de l'Ether, ses hommes, ses animaux, ses anges, ou ses démons, puisque la langue humaine n'a pas d'autres noms à donner aux Uraniens inconnus de la patrie universelle? Pourquoi la loi du progrès, que nous avons admise relativement à notre monde, nous ferait-elle conclure que s'il y a eu des hommes avant nous, ils devaient nous être inférieurs? Dans l'ensemble des choses, nos progrès ne sont que relatifs, et il n'est pas prouvé que nos âmes, en changeant d'habitat, ne seront pas momentanément châtiées de leurs égarements par quelques pas en arrière sur l'échelle des êtres.

Je n'admets pas que nous retournions dans le corps des animaux, mais j'admets que nous pouvons, par notre faute, descendre dans la hiérarchie des mondes, et subir notre expiation dans le chaos douloureux de quelque création en travail. La formation ignée de notre globe a pu être un séjour de tumulte et d'angoisses pour d'autres Uraniens déchus et frappés d'une peine temporaire. (Je n'en conçois pas d'éternelle dans les desseins de la Providence.)

Quant à notre destinée ici-bas, il y a longtemps qu'on l'a comparée à un purgatoire, et il est fort possible qu'elle ne soit pas autre chose.

Il est pourtant possible encore, car tout est possible, que l'âge du feu, que nous avons appelé l'âge de Pluton, ait été fort brillant au moral comme au physique, et que ces minéraux, qui sont peut-être en partie le résidu calciné des dépouilles et des monuments des générations évanouies, aient été les organes et les effets d'une vie splendide, donnée en récompense à des âmes heureuses. Si le soleil est un monde en fusion, cette terrible idée d'une éternelle combustion nous a-t-elle empêchés d'y élancer nos désirs et nos rêves ? Les anciennes théogonies n'en ont-elles pas fait le séjour de légions séraphiques, et Milton n'y a-t-il pas placé un ange fidèle et resplendissant, chargé d'entretenir la fournaise céleste ?

Nous n'irons pas si loin dans nos hypothèses ; nous arracherons le voile qui couvre la face de ces anges ou démons antérieurs à l'homme sur la terre, hommes eux-mêmes, selon nous, et, fidèles à notre plan, nous ne leur donnerons aucun aspect trop fantastique.

Nous ne ferons donc apparaître ni les Titans à cent bras, ni les hommes au corps d'airain enflammé de l'île de Crète, ni les gorgones d'Hésiode, ni les monstres à plusieurs têtes ou à têtes d'animaux des musulmans, ni même les archanges ailés du mysticisme. Nous nous tiendrons dans de plus humbles données, prenant l'époque où la dernière race ancienne et la race humaine nouvelle purent se donner la main, l'une prenant possession de la terre et de la vie, l'autre abdiquant ces deux royautés pour l'empire céleste.

Nous serons donc préadamites? Oui, et même sans hérésie, parce que nous supposerons qu'Adam n'est pas le premier homme, mais seulement un des premiers hommes. L'isolerons-nous dans le Paradis terrestre? Oui, par accident et momentanément, parce que le sentiment de l'âme humaine dans la solitude est une des faces de sa puissance ou de sa faiblesse. Supposerons-nous, avec certains vieux chrétiens, qu'il avait reçu la science infuse sous forme de livres tombés du ciel? Non, car en lui accordant le don complet de la parole, nous faisons déjà beaucoup pour le conserver dans l'état de parfaite innocence.

Et où placerons-nous son Atlantide, son bosquet primitif, son jardin de l'Eden ou des Hespérides? Absolument où vous voudrez; car on a écrit beaucoup de volumes pour promener le berceau de notre race du pôle nord au centre de l'Afrique, de la mer Blanche à la Méditerranée, des rives de la mer Caspienne à celles de l'Irlande, des cimes du Caucase à celles de la Sardaigne, etc.

Or, comme ce n'est ni d'un Esquimau ni d'un Cafre que nous recherchons la trace dans ce premier âge; comme c'est à un homme blanc, ou tout au plus doré par un bienfaisant soleil, que nous voulons nous intéresser, il nous faut admettre que cet homme, semblable à nous, est né sous une latitude où nous pourrions naître et nous développer sans souffrance, par conséquent dans une atmosphère souple, pure et tempérée. Ce peut être aussi bien en

Sardaigne, comme le veulent quelques-uns, que sur les flancs des montagnes de l'Himalaya. Ce peut être aussi dans les prairies éternelles de la Lombardie, ou sur les croupes de l'Apennin, ou encore sous les ombrages du Latium. Qu'importe? Comme nous admettons plusieurs berceaux différents et plusieurs groupes épars, que chacun de nous cherche dans ces souvenirs d'avant la naissance et dans ces souvenirs de la vie présente qui semblent s'enchaîner les uns aux autres par je ne sais quel incompréhensible mirage.

Il nous est arrivé à tous d'être saisis, à la

vue de certaines personnes, de certaines demeures et de certains paysages, d'une vague réminiscence impossible à expliquer, comme si un abîme de ténèbres nous séparait du moment où nous sommes et de celui où nous avons déjà été dans des circonstances analogues. Deux amis, deux époux qui parcourent ensemble un lieu enchanté, se demandent et se persuadent aisément qu'ils l'ont déjà vu et déjà parcouru ensemble, qu'ils se sont déjà aimés en ce lieu, dans un temps que leur mémoire ne peut préciser, mais dont elle leur retrace les images fugitives et les délicieuses émotions. Oui, nous avons tous cru reconnaître, quelque part ou auprès de quelqu'un, notre paradis terrestre et l'objet de notre premier amour.

Ce fut donc dans un beau climat, sous un beau ciel, que le fier et doux enfant se trouva seul, un matin, au premier sourire de l'aube nouvelle. Il avait dix ou douze ans, et il n'était pas nu, car il avait une mère qui garantissait sa peau délicate de la morsure des abeilles ou du déchirement des ronces. Sans doute il arrivait de quelque pays un peu plus froid que celui où sa course venait de l'emporter, car il avait le corps protégé par des peaux soyeuses de chevreaux blancs comme la neige. Quel nom lui donnerons-nous? Alorus, Adam, Kaioumaratz, Protogonos ou cent autres? Pour ne pas choquer les personnes qui prennent la Genèse de Moïse au pied de la lettre, appelons ce bel enfant du doux nom d'Evenor, qui fut révélé à Platon, puisque aussi bien nous voici dans une Atlantide quelconque.

L'AGE D'OR.

I

L'Age d'or.

L'enfant dont notre légende fait le type, non du premier homme né sur la terre, mais du premier qui entra dans une destinée particulière, n'avait pas vu le jour dans le paradis terrestre. Que celui qui nous lit avec sympathie nous aide à chercher la trace de ses premiers pas, trace effacée dans la nuit des temps, comme celle que nos pas, à nous, traçaient peut-être hier sur le sable.

Voici, d'après nos recherches dans le monde physique et moral, l'état de la portion de l'humanité à laquelle appartenait notre Evenor.

C'était une peuplade sauvage, à coup sûr, si on la compare avec une civilisation quelconque des temps plus modernes;

mais très-civilisée, si la pureté des mœurs et des pensées compte pour quelque chose dans la valeur des êtres humains. Bien que presque toute la science et presque toute la philosophie de notre siècle aient décrété que l'homme a dû commencer par la barbarie, nous osons présumer que non, et dire : l'enfance n'est pas la barbarie.

Les premiers hommes ne furent pas muets, à moins qu'on ne les suppose inférieurs aux animaux, dont aucun n'est absolument muet. Ils eurent un langage élémentaire peu compliqué, mais complet dans la limite de leurs besoins d'affection, c'est-à-dire de domesticité et d'association. En outre, ils ne furent pas, même dès le premier jour de leur existence, identiquement semblables les uns aux autres dans l'ordre intellectuel. Nous ne savons pas du tout si les animaux inférieurs sont identiquement doués de la même dose *d'instinct*, dans une même espèce et même dans une simple variété. Nous sommes à même de remarquer qu'entre deux animaux domestiques, deux chevaux, par exemple, ou deux chiens, nés du même couple, élevés de la même façon, l'un est d'un caractère tout différent de l'autre, celui-ci plus ardent, celui-là plus éducable ; l'un doux et comme réfléchi, l'autre fantasque et comme tourmenté par le besoin de sa liberté. Mais si nous voyons ce fait, nous ne savons rien des autres faits analogues que la nature enveloppe d'un impénétrable mystère. Nous ne savons pas si telle araignée file et tisse sa toile avec plus d'adresse et de dextérité que telle autre araignée sortie du même nid ; si telle ablette fuit avec plus de prévoyance et de prestesse qu'une autre la dent vorace du brochet. Quant à nous, comme nous ne pouvons nous décider à laisser au hasard la gouverne d'une chose si petite qu'elle soit dans la création, nous voulons admettre que l'alouette qui cache bien son nid, est plus intelligente que celle qui le laisse en vue du vautour, et que le vautour même qui découvre le nid échappé à l'œil d'un autre vautour, est plus attentif et plus pénétrant que celui-là.

Que cela tienne, dans l'individu, à un développement plus ou moins parfait des organes propres à l'espèce, peu importe ; les facultés diffèrent probablement chez tous les êtres appartenant à un type, de même que les types diffèrent les uns des autres.

A plus forte raison les hommes durent

naître plus ou moins bien doués d'organes appropriés aux dons des diverses facultés intellectuelles. Si on le niait, il faudrait les supposer inférieurs aux animaux. Et si l'on niait ce que nous attribuons aux animaux, il faudrait alors admettre que l'homme, pour leur être supérieur, a dû naître en dehors de la loi d'identité.

L'homme n'a donc pas commencé par le mutisme, ni par l'absence d'individualité. A peine un ou plusieurs de ces êtres nouveaux eurent-ils fait leur apparition sur la terre, que parmi ceux-ci ou à côté de celui-là apparut un être semblable à lui dans l'apparence générale, mais plus beau de corps pour lui plaire, ou plus subtil d'esprit pour le conseiller, ou plus aimant pour le persuader. Les hommes ont donc été, dès le principe, éducateurs, et, sous la secrète et invisible inspiration de Dieu, révélateurs les uns aux autres.

On a fait, dans l'antiquité, de naïves recherches pour découvrir la langue primitive commune aux hommes nouveaux, et on s'est imaginé qu'il devait exister quelque part une langue naturelle. Il n'y a pas de langue particulière naturelle aux hommes, puisqu'ils ont reçu de la nature le don de se créer à chacun une convention de langage appropriée à leurs besoins et à leurs idées. Toute langue est donc une convention, et l'organe de la voix et de la prononciation étant susceptible de modifications infinies, on pourrait dire que la langue naturelle à l'homme, c'est la langue de l'infini.

Chaque groupe d'hommes qui se trouva isolé au commencement, inventa donc sa langue, sauf à la changer, à l'étendre ou à la modifier, selon que le groupe se grossissait d'éléments pris en dehors de lui. Ces groupes devenant des tribus, des peuplades, des peuples, des nations, chacun garda le langage de sa convention devenu sa coutume, avec l'heureuse faculté de pouvoir apprendre toutes les autres langues de l'univers. L'éducation fit ce progrès de rendre les langues communiquables ; mais déjà, à la création des premiers éléments du langage, l'éducation des hommes entre eux avait joué un grand rôle, et chacun inventant une part de cette manifestation, l'avait fait accepter de ceux qui l'entouraient.

On croit tout expliquer des rapides progrès de l'homme en disant que barbare, muet, sans individualité, c'est-à-dire stupide au commencement, il avait en lui la virtualité de tout son progrès futur. Je n'en doute pas, puisque, de nos jours, il a encore le germe latent d'un progrès immense à accomplir. Mais il a des droits et des devoirs, ou, si l'on veut, tout simplement des besoins naturels moraux qui se sont manifestés à lui-même dès qu'il a commencé à vivre. Le sentiment et l'intelligence, le cœur et l'esprit sont indivisibles chez l'homme. La première femme qui a été mère a trouvé, dans sa sollicitude, l'intelligence de soigner son premier-né, et si l'on nous dit que certaines femmes des tribus sauvages pendent le leur à une branche d'arbre, dans une corbeille de joncs, le matin, pour aller à la chasse, sauf à le trouver mort de faim ou dévoré, le soir, quand elles reviennent, croyons alors que ces sauvages-là sont traqués par la misère ou dégradés par l'isolement au point de ne plus pouvoir vivre dans ce qu'on appelle l'état de nature.

L'état de nature, nous ne craignons donc pas de le réhabiliter. Vouloir y retourner serait criminel et insensé : ce serait trangresser la loi divine, qui ne nous y a placés que pour apprendre à en sortir peu à peu. Mais refuser de s'y reporter par la pensée, comme à une situation douce et bienfaisante, comme à un berceau doux, propre et parfumé d'amour, c'est peut-être insulter la Providence ; c'est tout au moins douter d'elle et méconnaître l'action de Dieu à notre origine.

A notre origine, nous ne vécûmes donc pas confondus avec les animaux comme ces boshishmens dont on ne sait pas du tout l'histoire, et que l'on a supposé gratuitement appartenir à l'état de nature. Ces sauvages isolés, ou réunis en petits groupes, qui mangent des larves d'insectes (1) et qui placent, dit-on, leur tanière parmi celles des bêtes féroces, dont ils ne diffèrent pas par les mœurs, n'ayant aucune notion de la Divinité et n'étant susceptibles d'aucune culture, me paraissent d'abord très-mal décrits par les voyageurs ; car, à cette absence de religion élémentaire, on ajoute qu'ils sont superstitieux et croient à de bons et à de mauvais génies. Certains paysans de nos contrées civilisées sont dans le même cas, et, par là même, les

(1) Ce ne serait pas, à tout prendre, une preuve de barbarie bien concluante. Dans nos colonies, des gens très-civilisés mangent avec délices le ver palmiste.

plus grossiers attestent une certaine notion de la divinité, bien qu'ils ne comprennent nullement l'enseignement catholique qu'ils reçoivent. D'ailleurs, quand tout serait vrai dans ces relations assez contradictoires, cela ne prouverait rien, sinon que plus l'homme se trouve isolé du mouvement des autres hommes, plus il perd des facultés et des priviléges de l'humanité.

Quant à la notion du bien et du mal retirée aux premiers hommes par l'arrêt des inductions physiologiques et philosophiques, je ne me sens aucun scrupule à la leur restituer. Le bien et le mal sont relatifs, je le sais, dans l'ordre social et historique; mais cela ne prouve pas qu'ils ne soient pas absolus dans l'état de nature. Il n'est pas besoin d'un grand développement de l'intelligence et du raisonnement pour que le cœur parle et nous instruise de ce qui froisse ou déchire le cœur des autres. Un tout petit enfant, sur les genoux de sa mère, la voit pleurer. Il ne devine pas pourquoi elle pleure, mais il voit qu'elle pleure. Il sait que les larmes sont l'expression du chagrin ou tout au moins de la souffrance et de la contrariété. Il s'en rend compte, puisqu'il se sert des cris et des pleurs comme d'un langage pour exprimer ses besoins. Il ne sait pas encore parler, donc il ne sait pas consoler sa mère; mais il la caresse et même il pleure avec elle par un mouvement que vous pouvez appeler, si bon vous semble, sympathie nerveuse, mais qui n'en est pas moins reçu et reproduit par sa sensibilité morale. Encore deux ou trois ans, et cet enfant comprendra plus ou moins, selon son degré de développement, que tout acte de désobéissance de sa part, qui afflige sa mère, est mal; que tout acte contraire, qui la réjouit et la console, est bien.

Longtemps encore il sera emporté à

faire ce mal relatif par l'irréflexion de l'enfance ; mais tout acte de sa réflexion sera une voix de sa conscience ; car la conscience est dans le cœur (1), et, du moment que l'homme a aimé quelqu'un ou quelque chose, il a compris qu'il ne devait pas faire souffrir cette personne ou détruire cette chose. L'amour, qui a été mis au cœur de l'homme en même temps que la vie dans son sein, suffit donc pour établir en lui un raisonnement qui distin-

(1) Je n'ai pas besoin, j'imagine, d'expliquer qu'en employant ici le mot *cœur*, je le prends dans une acception tout intellectuelle, qui équivaut à celle de *sentiment.*

gue ce qui afflige et ce qui réjouit les autres et lui-même ; par conséquent, ce qui leur est nuisible, il l'appelle mal ; ce qui leur est doux, il l'appelle bien.

En vérité, cela me paraît si simple que je m'imagine entendre la fauvette dans son nid gronder celui de ses petits qui prend trop d'ébats et qui tourmente ses frères moins forts que lui, et la leçon qu'elle lui fait quand, pour essayer son petit bec, il tire les plumes naissantes du dernier né. Je ne peux pas croire que, dans cette famille élevée dans une poignée de mousse, il n'y ait pas une certaine loi morale de la fraternité, qui s'enseigne et qui s'accepte. Encore une fois, si cette loi existe chez les animaux, comment n'existerait-elle pas chez l'homme? Et si elle est un rêve de ma part quant à l'oiseau qui est dans son nid, comment refuser de l'admettre au moins quant au berceau de l'homme? Il faut bien pourtant qu'on se décide à en faire ou l'égal ou le supérieur des autres êtres de ce monde.

Osons aller plus loin, et disons que, chez le premier homme, l'amour pour la femme, et, chez la première mère, l'amour pour l'enfant furent déjà immenses de prévoyances, de délicatesses, de dévouement et d'ardeur, en comparaison de l'amour conjugal et maternel, déjà très-touchant et très-développé, dont les animaux sont doués par la Providence.

Ainsi le petit Evenor avait déjà la notion du bien et du mal, et il m'est impossible de lui supposer des parents qui ne l'eussent pas dans une certaine mesure.

Il était né au commencement de l'âge d'or, et par âge d'or il m'est impossible de ne pas entendre un état de nature digne de l'homme, fils de Dieu.

Sa famille, si nouvelle qu'elle fût sur la terre, était déjà formée d'un couple générateur associé par la loi naturelle de la monogamie volontaire; d'une couvée de jeunes frères et sœurs élevés ensemble par une mère tendre, protégés par un père courageux et prévoyant; et, autour de cette famille, il y en avait plusieurs autres qui vivaient de la même façon, avec plus ou moins de prévoyance et de tendresse, car les hommes n'étaient pas identiques, et ils se distinguaient déjà les uns des autres, s'associant plus ou moins par des sympathies particulières, mais ne connaissant pas encore le mal à un degré bien prononcé, car l'occasion d'être hostile à ses semblables ne pouvait résulter d'une vie encore facile et peu compliquée.

Toutefois cet âge d'or, cette douce innocence qui ne connaissait pas sa propre valeur, n'était pas le paradis terrestre. La terre était jeune et belle, et la race humaine ne s'était pas encore assez multipliée pour ne pas pouvoir s'abriter et se nourrir aux lieux où elle avait pris naissance. Car il ne faut pas oublier, et en ceci je suis encore en désaccord avec les modernes, que si l'homme arrivant nu et faible ici-bas, s'y fût trouvé immédiatement environné de fléaux considérables, de chances de famine, de froid intense et de bêtes féroces, ce serait un grand hasard qu'il eût pu survivre à tant de causes de destruction, surtout s'il était imbécile au point de ne pas connaître le *moi* et le *non-moi,* c'est-à-dire de ne pas se distinguer du précipice qui engloutit, du fleuve qui noie et du tigre qui dévore. Pour qu'il ait pu vivre et couvrir la terre de sa race, il faut absolument qu'il soit né intelligent et que son berceau ait été placé dans des contrées douces, aplanies, protégées contre les rigueurs des saisons par des circonstances géographiques particulières et dépourvues de ces animaux qui font la guerre à l'homme avec chance de succès.

C'est donc sur un de ces grands plateaux inclinés doucement, et fortifiés de toutes parts par des falaises de rochers, que je vois la famille et la tribu d'Evenor, à demi domiciliée, à demi errante, n'ayant pas à redouter les reptiles monstrueux et les carnassiers féroces des régions tropicales, ne connaissant pas les foudres des volcans et la fureur des mers, trouvant partout des fleurs et des fruits que les rigueurs de l'hiver ne venaient pas détruire en une nuit, et n'ayant pas besoin d'autre abri que celui de simples huttes de branches, sous un ciel clément.

Mais, quelque douces et charmantes que vous supposiez ces régions hospitalières à l'arrivée de l'hôte privilégié, je dis que ce n'était pas là le paradis terrestre.

Le paradis terrestre, c'est un lieu quelconque dont la beauté, fût-elle contestable, est sentie et possédée par le sentiment poétique. Il n'est nulle part, ou il est partout pour les animaux; leur ravissement est dans une plénitude de vie qui ne compare point et n'a que faire d'analyser. L'homme, plus difficile, parce qu'il est plus exquis, n'est pas entièrement réjoui par des causes purement physiques. Dès qu'il se développe, et c'est là son premier éveil à la vie divine, il lui faut plus que du bien-être et du plaisir dans la nature : il lui faut de l'enthousiasme et de l'amour pour la nature.

La race humaine n'en était pas encore là. Elle jouissait doucement des bienfaits de la création ; mais son horizon borné et la monotonie de ses habitudes ne s'éclairaient pas d'un rayon supérieur. Elle n'était donc pas dans l'Eden, parce qu'elle ne désirait pas d'être mieux qu'elle n'était et ne comparait pas ce qu'elle possédait déjà avec ce qu'elle ne possédait pas encore.

Pourtant, il y avait déjà de la poésie chez ces premiers hommes, car leur imagination, sans être vive, était impressionnable, et leur ignorance n'expliquant rien, acceptait les choses merveilleuses de la nature par la faculté de la merveillosité, organe très-développé chez l'homme de tous les temps, et, pour le dire en passant, une de ses facultés les plus caractéristiques.

Et pourquoi ne dirions-nous pas une des plus belles? La philosophie a raison d'en rejeter l'emploi dans nos temps de lumière. La science a raison de ne se guider que par le flambeau de la synthèse et de l'analyse. Mais l'induction poussée jusqu'à l'hallucination est, en attendant que la science se fasse, un des attributs précieux de l'intelligence humaine. C'est encore par là qu'elle se sépare de l'animalité et spiritualise les objets qui étonnent les sens. Ne sachant pas les définir par un examen raisonné, elle les constate et les décrit par leur côté fantastique.

Sans être poëtes, ou du moins sans se douter qu'ils le fussent, les habitants du Plateau avaient donc une certaine notion du Dieu monde, du *Cosmos* à la fois esprit et matière. Ils appelaient ce double pouvoir de noms équivalents à ceux de *force* et de *volonté*. Ils ne l'invoquaient point encore, mais ils sentaient sa présence, et, au premier malheur qui devait les frapper, ils devaient se demander ce qu'on pourrait faire pour rendre cette force inoffensive ou cette volonté secourable.

Du point du plateau où cette tribu se trouvait formée, la vue s'étendait vers le nord à une grande distance. Ce n'était que prairies naturelles, fertiles en arbres fruitiers et en plantes basses comestibles, fécondes en animaux éducables que l'on commençait non pas à soumettre, on n'en sentait pas le besoin, mais à apprivoiser. Le printemps n'était pas éternel au point que les pluies fraîches et les vives chaleurs ne se fissent sentir à quelques époques de l'année. On savait donc déjà qu'un vêtement est nécessaire, soit contre le froid, soit contre les grandes ardeurs du soleil, et l'on se préservait par des tissus de feuilles ou de roseaux, ou par des peaux d'animaux qu'une mort naturelle laissait à la disposition du premier venu. La domestication de certaines espèces n'était donc pas un fait accompli; mais le plaisir inné dans l'homme de se familiariser avec les espèces différentes de la sienne, avait su vaincre la timidité naturelle des animaux intelligents. Les enfants surtout aimaient à se faire connaître et suivre par les brebis, les chèvres, les génisses et les chamelles. Ils avaient goûté leur lait, ils l'avaient trouvé bon, et les vieillards dont les dents n'attaquaient plus facilement les fruits et les racines, avaient souvent recours à ce lait des animaux, que les enfants leur apportaient dans des sébilles faites d'écorces et de feuilles, prenant tantôt à une femelle, tantôt à l'autre, la race animale étant trop répandue comparativement à l'homme, pour que ce faible larcin fît souffrir les petits.

Le miel aussi fut un des premiers mets qui tentèrent l'enfance ; car la mission de l'enfance était principalement dans ces récoltes, où la portaient naturellement la curiosité du goût et l'ardeur confiante des recherches. Les adultes s'employaient aux travaux de la force, à la fondation des villes et à l'ouverture des passages, création première des chemins, que certains animaux eux-mêmes leur eussent enseignée, s'ils ne s'en étaient pas avisés spontanément.

Tandis que les enfants du second âge inventaient les premiers ustensiles, les corbeilles, les tasses faites de coquilles ou de coques de fruits, les hommes, aidés des femmes, avaient bâti deux villes, une vers le nord et une vers le midi, où l'on se transportait à volonté, tantôt peu à peu et par groupes en se promenant, tantôt en masse, d'un commun accord, et s'aidant mutuellement avec de grands cris de joie et des chants de fête. C'étaient des villes bien fragiles, des huttes à jour pour la chaleur, ou garnies de mousse pour le froid, mais faites avec plus ou moins d'industrie et de goût, s'améliorant chaque fois qu'on les réparait ou qu'on les rebâtissait, car on n'y cherchait guère la durée. On n'avait rien de mieux à entreprendre que de faire et refaire les nids.

Le chagrin était aussi peu intense que les maladies et aussi rare que les accidents qui rendent la mort fréquente. La décrépitude n'avait pas de réelles infirmités, et l'affaiblissement des facultés n'était pas encore compris. Le respect en était d'autant plus grand pour ce que l'on supposait être une volonté austère de la vieillesse.

Le tien et le mien n'existaient que par une convention tacite. La douce habitude et des raisons de sentiment ramenaient chaque soir la famille dans la cabane que l'on avait bâtie soi-même, et que nul n'était assez malheureux pour songer à disputer. La justice régnait donc à l'état négatif; car ce qui ne coûte aucun effort et aucun combat contre soi-même est bien l'innocence, mais non pas la vertu.

Par la même raison, on ne saurait dire

que le véritable amour eût été révélé aux hommes, bien que toute leur vie fût un amour tranquille et soutenu. La douleur n'ayant encore visité aucune âme, la sainte flamme de l'amour n'était qu'une douce lueur, une aube indécise dans le ciel de la vie. Le grand rôle de la tendresse était dans les entrailles maternelles, et, sous ce rapport, les hommes, peu distraits du soin de la famille, ne connaissant ni jalousie ni doute sur leur paternité, avaient presque autant de sollicitude et de touchante puérilité que les femmes.

Le besoin instinctif de sortir de l'ignorance les sollicitait faiblement. Ils vivaient si bien dans leur immense verger, descendant ou remontant sans cesse sa douce inclinaison pour chercher l'ombre ou le soleil, causant, folâtrant ou travaillant avec une égale ardeur, que la soif du mieux ne pouvait pas se révéler encore.

Lorsque Evenor naquit, il y avait environ un siècle que la tribu était fixée dans ces lieux propices. Cette tribu se composait d'un millier d'individus, et voici comment le plus vieux de tous, tenant l'enfant sur ses genoux, lui expliquait l'histoire et le destin de la race humaine :

— Tu me demandes, ô mon enfant, ce que sont devenus mon père et ma mère, que tu ne vois point et que tu n'as jamais vus. Ils sont devenus ce que tu deviendras. Quand beaucoup de jours et de nuits auront passé sur toi, tu t'endormiras de la même manière que tu t'endors chaque soir, et tu ne te réveilleras plus. Et, après toi, vivront et mourront de même les enfants qui seront nés de toi.

— Et quoi, dit l'enfant, je deviendrai mort, comme j'ai vu devenir mort un grand buffle de la prairie? Il était couché par terre et ne regardait plus. Les oiseaux venaient se poser sur ses cornes et il ne les sentait pas. Mon grand père, je ne veux pas mourir.

Le vieillard sourit tristement et lui dit :

— Tu as encore longtemps à vivre, mais moi je mourrai bientôt, comme j'ai vu mourir mon père et ma mère, et j'ai eu beau pleurer et crier après eux, ils ne l'ont pas entendu.

L'enfant se prit à pleurer, disant :

— Je ne veux pas que tu meures, et je ne veux pas mourir non plus.

Alors le vieillard, le consolant, reprit :

— Mon enfant, la mort est nécessaire, et voilà ce que je me suis dit, après avoir inutilement pleuré mes parents : les hommes augmentent toujours, et la terre ne serait jamais assez grande pour les nourrir s'ils restaient tous vivants.

— La terre, dit Evenor, n'est donc pas bien grande?

— Cela, dit le vieillard, personne ne le sait. Quand j'étais jeune, j'ai été très-loin pour voir si j'en trouverais la fin, et je ne l'ai pas trouvée. Devant moi elle touchait le ciel et elle était bleue ; et à mesure que je marchais, ce que j'avais vu bleu de loin était vert autour de moi, tandis que plus loin, toujours plus loin, le bleu recommençait toujours. Mais la terre a une fin qui est l'eau. L'eau entoure la terre, voilà ce que mes parents m'ont dit.

Evenor demanda si les parents de l'aïeul qui lui parlait avaient vu cette eau qui finissait la terre.

— Je ne sais, répondit l'aïeul, mes parents parlaient bien peu. Ils ne savaient pas tous les mots que l'on a inventés depuis, et ils ne se souvenaient pas de tout ce qu'ils avaient vu. Ce que leurs parents avaient pu leur dire, ils ne pouvaient pas le raconter. Ils croyaient même n'avoir pas eu de parents, ce qui est une chose difficile à croire. Pour moi, je pense qu'ils les avaient perdus ou quittés si jeunes qu'ils ne s'en souvenaient pas, et qu'ils étaient venus ensuite tous seuls du bout de la terre qui est l'eau, jusqu'ici où est, comme l'on croit, le milieu de toute la terre.

Ce que je sais, poursuivit le vieillard,

c'est que je suis né ici, ainsi que mes frères et mes sœurs, et qu'après avoir souvent marché très-loin nous avons voulu revenir ici, où nous nous trouvions bien. Toute la terre est bonne et il n'y a pas de raison de chercher autre chose que ce que nous avons.

Malgré la sage apathie du vieillard, volontiers partagée par sa nombreuse famille, l'enfant Evenor sentit sa curiosité éveillée et fit beaucoup de questions auxquelles l'aïeul ne put répondre que d'une manière vague. Il voulait surtout savoir ce qu'il y avait après les hautes montagnes qui bordaient l'horizon du côté du midi et qui s'élevaient si nues et si droites que jamais aucun homme ni aucun animal, à moins qu'il n'eût des ailes, n'avait pu les franchir. Personne ne le savait. Seulement l'aïeul avait une idée confuse des souvenirs, des traditions ou des imaginations confuses de ses parents. De ce côté-là, disait-il en montrant les montagnes, on pense qu'il y a du feu et des anges.

— Qu'est-ce que cela, des anges? demanda Evenor.

— Je ne sais, répondit le vieillard. Je

Je crois me rappeler que ce sont des hommes qui ont eu la terre avant nous, et qui ont gardé le feu et l'eau.

Evenor questionna encore et ne put rien obtenir de plus. Nul n'en savait davantage que l'aïeul, qui savait peu de chose. Et pourtant, que ne donnerait pas l'homme le plus érudit de nos jours pour ressaisir les pâles rudiments de souvenir ou les fugitifs éclairs d'imagination de ce vieillard naïf? Le peu qu'il pouvait enseigner ou révéler eût mérité d'être fixé dans la mémoire des hommes avant d'être effacé de la sienne. Peut-être l'homme et la femme qui lui avaient donné le jour étaient-ils les premiers nés d'un groupe appelé à la vie dans ces bénignes régions. Peut-être ce couple primitif, qui ne se rappelait pas avoir eu des ascendants, avait-il surpris dans la nature quelque scène mystérieuse autour de son berceau; mais il ne l'avait sans doute pas comprise, ou la science des mots ne lui était pas venue assez vite pour lui permettre de révéler clairement sa vision avant de mourir.

De tous les enfants de la tribu, Evenor n'était ni le plus robuste ni le plus grand pour son âge. La force musculaire était encore peu développée chez l'homme en général. On n'avait pas éprouvé assez de résistance de la part des êtres et des choses, pour s'exercer aux efforts des athlètes. Les luttes du cirque appartiennent aux temps de gloire ou de vanité. La vie était donc plutôt industrieuse que vigoureuse autour d'Evenor, et parmi ceux qui étaient ingénieux à obtenir un résultat sans vaine dépense de temps et de fatigue, il se faisait remarquer comme le plus chercheur et le plus attentif.

Je serais embarrassé de dire quelles idées on se faisait de la beauté dans cette

peuplade; mais, comme l'enfance est plus
sensible à ce qui charme la vue qu'à ce qui
éclaire la raison, il est probable que l'humanité enfant sentit vite l'attrait de la
grâce, de la candeur et d'une certaine harmonie dans les formes. Evenor plaisait
donc plus que tout autre, et sans qu'on
s'en rendît compte, peut-être, on subissait
une certaine domination de son regard ou
une certaine persuasion de son accent.

Sa mère était plus fière de lui qu'il ne
convenait peut-être dans une république
fraternelle, car elle avait coutume de dire,
sans vaine modestie : « Evenor est le meil-

leur des enfants des hommes. Il trouve des mots que l'on ne connaissait point, et il voit des choses que personne n'avait jamais regardées. » A quoi le père d'Evenor ajoutait : « Il aime à courir plus loin que les autres, et chaque jour il rapporte des choses que les autres ne trouvent pas, et auxquelles il donne des noms qui disent ce qu'elles sont. Ce que disent les autres enfants réjouit et passe ; ce que dit Evenor étonne et on ne l'oublie pas. »

On remarquait dès lors les aptitudes des enfants avec une sollicitude dont rien ne pourrait, de nos jours, donner l'idée. Dans les siècles qui suivirent, la vieillesse prit une grande autorité, et les pères de famille devinrent des chefs de nations ; mais sous ce règne d'Astrée que nous contemplons, la vieillesse était plus aimée que consultée ; la tendresse, la prévenance et les soins lui étaient prodigués, mais le respect et la déférence s'attachaient de préférence au jeune âge. C'était un instinct et comme une loi de la Providence qui veillait au rapide développement de la destinée. « Dans le premier âge des sociétés humaines, il est des années qui valent des siècles, ainsi que dans l'enfance de l'homme il est des jours qui valent des années (1). » On sentait donc si bien le besoin de vivre intellectuellement le plus tôt possible, que sans le remarquer ni le témoigner par de vives inquiétudes, on allait comme irrésistiblement au devant de toute notion nouvelle et de tout être nouvellement apparu. Les vieillards usaient vite en eux-mêmes les notions qu'ils ne savaient pas bien formuler. La langue était si bornée et les notions si indécises! Mais chaque naissance amenait dans cette société nouvelle une nouvelle émotion, un nouvel élément

(1) Ballanche, Notes d'*Orphée*.

d'avenir, un nouvel étonnement curieux et naïf, une nouvelle sollicitude puérile et charmante. Quel homme serait ce nouveau-né ? Quels traits de ressemblance aurait-il avec ses parents, et surtout par quelles différences précieuses les surpasserait-il ? Car, loin de dégénérer, la race embellissait et se fortifiait à chaque miracle de la parturition, et chaque enfant, profitant des aises et des idées acquises autour de lui, devenait à son tour l'inventeur et le créateur d'un nouveau bien-être et d'une nouvelle appréciation de la vie.

Sans doute, il se mêlait à cette tendre

impatience d'augmenter le nombre de ses affections et de ses intérêts de cœur, un peu de la tendance au merveilleux qui caractérisait l'espèce et qui la préparait au sentiment religieux. On croyait que les enfants arrivaient ici-bas les mains pleines de découvertes et l'âme remplie de mystérieux secrets. On les interrogeait avant qu'ils pussent répondre, et les premiers mots qu'ils balbutiaient étaient recueillis comme des oracles. On les écoutait exprimer entre eux leurs volontés et leurs fantaisies ; et comme ces enfants étaient déjà mieux organisés que leurs devanciers, grâce à une application plus compliquée et plus active de leurs organes ; comme leurs relations avec la famille sans cesse augmentée devenaient chaque jour plus saisissantes et plus significatives, leur vocabulaire arrivait à exprimer des développements d'activité et des nuances d'émotion qui enrichissaient le fonds commun.

Evenor fut dès ses premières années un de ceux qui contribuèrent le plus à dilater le sens du langage. Son cerveau procédait par analogies, et ses observations s'enchaînaient les unes aux autres. On rectifia, dans la langue adoptée, beaucoup de dénominations et de définitions élémentaires qui, en passant par sa bouche, étaient devenues plus faciles à retenir, à cause de l'ordre qui les liait entre elles. On s'avisa de ne rien qualifier au hasard de l'émotion, et quelques vieillards se firent doctes en réunissant ces locutions nouvelles et en les répandant avec une sorte de solennité riante et persuasive. Evenor, à douze ans, était donc considéré comme un enfant très-heureux et très-bon. C'était par des expressions de ce genre que l'on commençait à caractériser le génie de l'individu.

Les caresses et les louanges dont il était l'objet, modifièrent le naturel d'Evenor. La louange est douce à l'homme, et elle devait l'être d'autant plus en ce temps d'innocence, qu'elle était sincère et spontanée. Mais elle est dangereuse comme tous les biens de ce monde, et toute préférence trop marquée de nos semblables tend à faire naître en nous un orgueil susceptible et jaloux, si nous ne sommes pas assez instruits pour juger combien peu nous savons. Evenor ne pouvait établir ces comparaisons qui éclairent l'amour-propre. Roi des cœurs dans son petit monde, il tomba innocemment dans le péché d'orgueil, comme il est dit de ces anges du ciel qui furent précipités pour s'être comparés à Dieu.

Evenor ne se compara pas à Dieu, qu'il ne connaissait pas, mais aux enfants de son âge, compagnons de ses jeux, qu'il crut pouvoir dominer. Dans leurs courses folâtres à travers les bois et les steppes, ces enfants le suivaient volontiers, subissant son initiative, et les plus intelligents s'enorgueillissant d'être préférés. Mais, dans les nombreux différends qui s'élevaient entre eux pour d'aussi futiles objets que ceux qui animent à la dispute et au pugilat les enfants de nos jours, Evenor voulut trancher les questions en maître, et, ne se voyant pas écouté à son gré dans l'ardeur des luttes, il en prit du chagrin, dédaigna ses compagnons et méconnut ses amis. Ce furent les premiers troubles qui surgirent dans la jeune république de l'âge d'or.

Un jour qu'Evenor avait montré plus de hauteur que de coutume, il fut laissé seul. La troupe rieuse, oubliant le conflit déjà apaisé, s'en retourna sans lui vers les cabanes, comptant que bientôt, lassé de son dépit, il reviendrait de lui-même.

Mais, Evenor ne revint pas. Sa mère le chercha avec son père jusqu'aux confins du monde, c'est-à-dire jusqu'aux rives de l'île ou presqu'île qui était réputée la totalité de la terre, et jusqu'aux inaccessibles montagnes qui bornaient l'horizon du midi. Pendant une demi-année, elle l'appela de tous les cris de son cœur et le chercha de toutes les angoisses de son regard ; la tribu envoya de tous côtés des groupes aventureux qui explorèrent tous les endroits praticables ; mais où la mère n'avait rien trouvé, nul ne pouvait être plus habile. L'enfant fut regretté et pleuré. La mère ne voulut point être consolée. Ce fut la première douleur générale qui fut ressentie, la première douleur particulière qui brisa une âme. On se perdit en conjectures sur la disparition de l'enfant, mais la superstition apaisa la curiosité lorsque l'aïeul dit en secouant la tête et sans vouloir ou pouvoir s'expliquer : Ceux qui avaient la terre avant nous seraient-ils devenus jaloux de nos enfants ?

— Hélas ! nous étions trop heureux, dit la mère désolée ; nous ne le savions pas assez, et à présent, nous le savons trop.

LA SOLITUDE.

II

La Solitude.

Evenor, en quittant ses compagnons, s'était enfoncé dans les bois épais qui séparaient le plateau de la région des montagnes. Poussé par je ne sais quel attrait de la solitude, il avait marché longtemps sans regarder derrière lui, et la prudence avec laquelle l'homme se hasardait alors dans les sites inexplorés, ne l'avait pas averti, comme à l'ordinaire, de s'orienter et de s'assurer de la facilité du retour. Son âme était agitée plus profondément qu'elle ne l'avait jamais été. On avait méconnu son ascendant, on avait résisté à son vouloir. Le sujet était futile, mais le résultat était grand. Evenor s'était cru plus que les autres; les autres lui avaient montré que leur volonté était une force libre, et, ne comprenant rien à leur droit, il souffrait d'un mal jusque-là inconnu aux hommes, la vanité blessée, peut-être pourait-on dire l'ambition déçue.

Quand il eut marché longtemps, il sentit l'ennui de son mécontentement, châtiment naturel de toute injustice, et il voulut retourner sur ses pas; mais il s'égara et marcha longtemps encore. Brisé de fatigue, il résolut de prendre un peu de repos, pensant que cette lassitude troublait son intelligence et que, reposé, il retrouverait la trace de ses pieds dans la forêt.

Il s'endormit au bord d'un ruisseau qui

coulait furtif et mystérieux sous d'énormes touffes de datura au parfum délicieux et terrible. Des songes étranges furent suivis d'une langueur mortelle. Evenor, éveillé par la souffrance, voulut se relever et retomba accablé. La nuit avait étendu ses voiles, l'obscurité était effrayante.

Quand il s'éveilla au retour de l'aube, sa tête était encore si pesante qu'il ne se rendit compte de rien. Peu à peu ses yeux perçurent les objets environnants, sans que sa mémoire pût lui expliquer leur présence. C'étaient des choses inconnues, un pays qui ne ressemblait pas au plateau habité par les hommes, un lieu d'une beauté inénarrable, mais que l'enfant ne comprit pas tout de suite, absorbé qu'il était par l'étonnement de s'y trouver sans pouvoir se rappeler de quelle manière et par quels chemins il y était venu.

Sans doute, il n'y avait là aucun prodige. Il avait marché dans un état d'ivresse en croyant dormir, ou quelque bras secourable l'avait arraché à une mort certaine. Mais que pouvait-il chercher à s'expliquer? Il était seul dans un vaste désert, et il ignorait la funeste influence du parfum de certaines plantes.

Nous voici dans un de ces édens que la nature a cachés longtemps dans les plis infranchissables des montagnes, et dont plusieurs sont, à coup sûr, encore vierges de pas humains, comme si cette nature, fière et jalouse de sa beauté primitive, eût voulu conserver intacts quelques-uns de ses sanctuaires. Il en est d'autres que la race humaine a découverts dans ses migrations primitives et qu'elle a pu occuper, grâce à des issues naturelles d'une formation mystérieuse ; je veux parler de ces défilés ou cols de montagnes qui s'ouvrent dans le flanc de certains massifs, comme par une intention mystérieuse de la Providence, et que l'on a appelés, dans l'antiquité, *portes des nations*. Mais certaines de ces oasis alpestres sont restées fermées durant des siècles, et quelques-unes le sont encore par des accidents géologiques que la suite de notre récit fera comprendre.

Celle qui s'étendait sous les yeux d'abord effrayés d'Evenor, était le cratère épuisé d'un de ces volcans terribles que la mer avait engloutis, puis abandonnés au sortir des premiers âges du monde. Les tièdes limons déposés sur les cendres avaient laissé là les germes d'une intarissable fécondité. Aussi la végétation était-elle prodigue de luxe sur cette terre triturée par les éléments à une grande profondeur, et engraissée du débris des plantes entassé et comme abrité depuis des siècles dans une sorte de vasque immense creusée dans le roc.

Protégé par les remparts gigantesques du massif granitique environnant, cette coupe, cette vallée, ce jardin n'avait plus reçu du climat, qu'il enfermait pour ainsi dire, que des influences à la fois énergiques et bénignes. Les eaux descendant des hauteurs et tombant limpides de roche en roche, s'étaient frayé un libre cours dans la terre docile et légère. Ce sol d'une teinte chaude, semé de parcelles brillantes, s'humectait convenablement et ne formait, en aucun endroit, de marécages croupissants. Il avait des zones variées de combinaisons géologiques et d'expositions, qui lui permettaient de recevoir et de féconder les germes épars des productions que les tièdes brises lui apportaient des contrées les plus diverses. On y voyait donc toutes les plantes et tous les fruits que l'homme des plateaux connaissait déjà, et une foule d'autres dont il ignorait encore l'existence, et dont la saveur ou la beauté devait un jour être recherchée par le luxe des nations lointaines.

La vallée parut immense aux yeux de l'enfant qui n'en avait pas compris d'abord la splendeur, mais qui se trouva peu à peu rassuré et comme réjoui intérieurement par l'effet puissant d'un tel spectacle. C'était un lieu dont les dimensions semblaient plus vastes qu'elles ne l'étaient réellement, tant les proportions étaient belles et harmonieuses; car il en est d'un site comme d'un monument, et la nature tombe quelquefois, comme un artiste fatigué de produire, dans ces erreurs qui choquent la pensée avant que les yeux s'en rendent compte. Quelquefois la plaine aride manque de caractère : ses mouvements insensibles n'ont pas toujours l'harmonie qui corrige la nudité de l'étendue. Quelquefois les accidents primitifs du sol manquent de grandeur, ou sortent trop du cadre de la vision ; mais, quand les éléments de la beauté agreste se trouvent rassemblés et comme résumés avec une sobriété grandiose, dans un lieu circonscrit, cette beauté nous saisit et nous pénètre comme l'aspect de la beauté physique et morale dans l'être humain.

C'est que la terre est comme nous, esprit et matière. Ses éléments de beauté sont bien toujours les mêmes, mais leur combinaison les modifie sans cesse, et de cette modification naît la beauté plus ou moins complète de ses tableaux ; or, la beauté est une chose immatérielle, puisque c'est un mirage qui se fait dans l'âme de l'homme.

Décrirons-nous l'Eden ? qui ne l'a pas décrit ? « Tout peuple a une tradition dont

» le commencement se rapporte à un lieu
» symbolique (1). » De même tout poète a
un type de paradis qu'il revêt des couleurs
et des formes de son imagination. Milton
a décrit l'Eden, et c'est le plus beau côté
de son poëme ; mais il en a fait un lieu
mystique ; et pour nous, qui voulons faire
voir et toucher la réalité d'un idéal acces-
sible, nous n'avons pas besoin d'autre ar-
tifice que de celui de nous souvenir.

Un petit lac limpide avait envahi le fond
étroit de l'antique cratère. Sur ses rives

(1) Ballanche, *Orphée.*

embaumées croissaient les iris au cœur jaune entouré de trois langues d'un noir velouté, mêlées aux iris blanches, plus pures et plus suaves que les lis ; les glaïeuls roses, les jacinthes bleues, les blancs narcisses, les orchydées splendides, les anémones de toutes couleurs, les résédas, les cyclamens et les violettes embaumées couvraient littéralement la terre d'un tapis où le pied des biches et des buffles qui allaient boire aux eaux du lac avaient tracé d'étroits et capricieux sentiers. Autour de ce lac et de ce parterre naturel, rehaussé çà et là de buissons de myrtes et de lauriers fleuris, le terrain se relevait doucement comme du fond d'une coquille irisée, et ce premier exhaussement formait une bordure irrégulière d'arbustes sveltes ou touffus. L'arbre de Judée, plante charmante qui s'acclimate d'elle-même dans toutes les régions tempérées, étalait ses branches d'un rose doux, parmi celles des cytises blancs et jaunes, des lilas et des sorbiers. De sombres rameaux de cyprès, de buis et de citronniers s'échappaient vigoureux de toutes ces fleurs, comme pour en faire ressortir la fraîcheur et la délicatesse.

Au-dessus de cette région bocagère s'élevait celle des collines, où ces mêmes productions se mariaient à des arbres plus considérables, aux frais tilleuls, aux svel-tes peupliers, aux hêtres élégants pressés sur les bords des ruisseaux, ou aux sombres chênes verts, aux pâles oliviers, aux orangers brillants et aux pins majestueux, jetés sur les pentes moins arrosées.

Cette haute végétation prenait encore plus de développement au sommet des collines et se dessinait coupée de larges ombres, ou éclairée de brillants effets du soleil matinal, sur le fond plus éloigné et plus vaporeux des montagnes. Entre ces deux régions, la forme circulaire du vallon inférieur était conservée en grand, mais brisée de mille accidents pittoresques. C'était là que l'enfant se trouvait, marchant sur un vaste gradin d'une ornementation naturelle plus sévère que celle du fond du bassin. Là, les eaux étaient plus bruyantes, les arbres plus austères, les plantes plus vagabondes ; mais partout, sur les rochers écroulés comme sur le tronc penché des vieux chênes, sur les parois de la montagne à vif comme sur les monticules formés à sa base, le lierre, le jasmin, la vigne sauvage, la clématite et les mille petites lianes rampantes des latitudes moyennes se suspendaient en festons d'une grâce inouïe, ou flottaient en vastes rideaux d'une fraîcheur incomparable. La vie était là plus désordonnée, mais plus puissante encore que dans le reste du paysage. Des bruyères arborescentes étendaient leurs branches couvertes de ces mignonnes petites coupes d'un blanc si doux qu'on peut prendre les pâles rameaux qu'elles inondent pour des flocons de brume endormis sur la croupe des bois sombres.

Enfin, au-dessus de cette région de crevasses humides et plantureuses, de torrents rapides et de débris gigantesques revêtus de verdure, se dressaient les inextricables flancs des montagnes abruptes, et les escarpements prodigieux de leurs inaccessibles sommets. Quelques-unes présentaient l'aspect d'un dôme couronné de verdure, bosquets entretenus sur une terre légère et sans profondeur par la fréquente humidité des nuages; mais la plupart, dentelées de roches aiguës et menaçantes, formaient comme une couronne sublime, au centre de laquelle le petit lac avec ses collines fleuries brillait comme un saphir entouré de perles.

A ce spectacle, lentement interrogé et savouré, l'enfant, transporté d'une joie mystérieuse et profonde, ne sentit plus ni douleur, ni inquiétude, ni fièvre, ni fatigue. Il n'eût pas su décrire ce qu'il voyait, ni rendre compte des harmonies qui caressaient tous ses sens; mais il les sentait si bien, qu'il en subit le vertige, et, oubliant tout du passé, oubliant même tout de la veille, sachant bien qu'il allait à la découverte, mais ne se souciant pas d'autre chose, il s'enfonça ardemment dans le paradis terrestre, à la recherche de cet inconnu qui est l'extase de l'enfance, l'enivrement de la puberté, la douleur de l'âge mûr et l'espoir de la vieillesse.

Il marcha jusqu'au lac, sans autre impression que celle qu'il recevait des choses immédiatement environnantes, ne regardant plus l'éclat du ciel et l'opale prestigieuse des hautes montagnes. Il était comme noyé dans le charme de leurs doux reflets sur la verdure que foulaient à peine ses pieds allégés. Les épais feuillages que fendait sa course le caressaient de rosée, et il brisait les jeunes rameaux qui se trouvaient à la portée de ses mains, cédant à cet instinct de l'enfance qui veut toucher, voir et prendre en même temps, comme pour s'identifier davantage, par la possession d'un instant, avec les objets extérieurs qui l'entraînent.

De temps en temps, il s'arrêtait cependant pour regarder fuir le lièvre surpris de son approche, ou voler, lourde et cependant rapide, la gelinotte ou la perdrix tapie sous les bruyères. Agile et souple, l'enfant de la nature connaissait peu d'obstacles à son vagabondage emporté. Il semblait voltiger plutôt que courir sur les hautes herbes et dans l'or des genêts embaumés. Les petits courants d'eau, frissonnant comme une gaze argentée sur les cailloux, jaillissaient en pluie fine et brillante sous ses pas, et, en le mouillant, augmentaient son ardeur et sa joie. Il riait, le beau garçon, et son rire était comme une musique dans ce concert de ruisseaux diligents, de feuillages doucement émus et d'allouettes montant vers le ciel.

Arrivé au bord du lac, il se reposa enfin, et quand il fut resté là étendu tout le reste de la matinée, il se sentit complétement ranimé. Il remonta alors vers la région des amandiers, où il se rassasia de ces fruits à peine formés, dont, aujourd'hui encore, les pâtres des contrées méridionales mangent la coque tendre et savoureuse.

Tant que le soleil brilla sur l'horizon, l'enfant se trouva sans appréhension et même sans beaucoup de réflexion, dans ce désert; mais quand le ciel pâlit, quand les oiseaux s'appelèrent avec agitation pour se coucher par troupes dans les bosquets; quand la grande montagne, encore rougie par le soleil couchant, projeta sa grande ombre sur le fond de la vallée, Evenor, comme enivré jusque-là, s'alarma de ne pas entendre le son de la voix humaine, à cette heure où la tribu se rassemblait, où les mères cherchaient leurs enfants, et où, couchés au seuil des cabanes, les hommes devisaient naïvement en regardant les étoiles s'allumer à la voûte des cieux.

L'inquiétude était une souffrance encore peu connue, parce qu'elle était rarement motivée chez les hommes primitifs ; mais au malaise intérieur qu'il éprouvait, l'enfant pressentit ce qui devait se passer dans l'esprit de ses parents, et il trouva un mot pour se l'exprimer à lui-même : — Ma mère, pensa-t-il, doit s'être ennuyée hier, et s'ennuyer encore plus aujourd'hui de ne pas me voir.

Les feux du soleil s'éteignaient déjà. Il n'y avait point à espérer de retrouver la route du plateau avant le lendemain. L'enfant eut peur ; il n'eût su dire de quoi, car la nuit était bleue et transparente sur la colline. Les rossignols chantèrent avec ivresse le lever de la lune, et les torrents firent une basse harmonieuse à cette mélodie inspirée.

La fièvre s'alluma dans le sang d'Evenor ; il dormit d'un sommeil agité, en proie à une langueur inquiète, à des étouffements subits, à des songes sans suite ni sens. Au milieu de la nuit, il lui sembla qu'une main puissante pressait son front et qu'un genou terrible écrasait sa poitrine. Il s'éveilla et regarda autour de lui. Il était seul, tout était calme. Il ne savait ce que c'était que la maladie ; il ne supposa donc pas que ces sensations pussent émaner de lui-même ; il se crut tourmenté par ces forces et ces volontés mystérieuses de la nature extérieure dont il avait entendu vaguement parler. « J'ai pénétré, se dit-il, dans le monde de *ceux qui avaient la*

terre avant nous. La terre est en colère, et les montagnes voudraient m'écraser. »
Mais une profonde indifférence s'empara de lui, et, se rendormant, il crut se sentir repoussé violemment par le sol, sur lequel aussitôt il lui sembla retomber durement, en même temps qu'un bruit formidable bouleversait tout son être. Les échos de la montagne répétaient encore ce bruit que l'enfant accablé était déjà retombé dans le sommeil de la fièvre.

Enfin, le jour reparut, et la bienfaisante rosée rendit un peu de fraîcheur aux membres brûlants et affaissés d'Évenor. Il se leva, rassembla ses idées, but à longs traits l'eau d'une source voisine, et, résolu de fuir ce lieu redoutable dont la beauté l'oppressait, il chercha la porte du paradis, c'est-à-dire une brèche, une brisure, une fente quelconque à ces géants de pierre qui enfermaient lac, collines et vallée dans leur implacable enceinte.

Cette porte avait existé, puisqu'elle avait pu être franchie par lui; mais elle était à jamais fermée. Une secousse de tremblement de terre, accident assez fréquent et souvent inoffensif dans cette région volcanique, avait eu lieu dans la nuit, sous un ciel serein, et sans interrompre au delà de quelques instants le chant du rossignol. Une brusque oscillation avait couru comme un frisson sur le sein fleuri de l'Éden sans y déraciner un brin d'herbe; mais, dans la région des hautes montagnes, un défaut d'équilibre avait détaché une masse énorme qui était venue tomber précisément à l'entrée du défilé, entraînant avec elle un torrent arraché de son lit et mugissant avec fureur sur cette ruine gigantesque.

L'enfant fut frappé de cet accident, qui portait la trace d'un désordre récent; la fraîcheur des fractures du roc ne pouvait lui laisser aucun doute. Mais n'y avait-il pas d'autre issue? Evenor en chercha une durant plusieurs jours, car la vallée, par les irrégularités de son contour, ne pouvait être explorée sans peine. Vingt fois, trouvant des aspérités abordables, il espéra pouvoir escalader les murailles de sa prison. Du haut d'un des escarpements qu'il put atteindre, il vit la mer, masse d'azur qu'il prit pour une muraille solide, et dont la grandeur le jeta dans l'épouvante. Dans cette ardente recherche pour se délivrer, toujours en proie à la fièvre, toujours altéré, toujours soutenu par une activité dévorante, comme l'oiseau qui s'épuise jusqu'à la mort contre les barreaux de la cage, il usa les forces de sa volonté et les ressorts de son intelligence. Puis à la fin, vaincu, inerte, indifférent, il se coucha sous un arbre et ne songea même plus à cueillir ses fruits pour assouvir la soif qui le dévorait. Il ne se rendit jamais compte du nombre d'heures ou de jours qu'il demeura ainsi sans espoir, comme sans regret et sans désir. Quand, pressé par la faim, faible, mais guéri, et invité par le soleil à rentrer dans l'activité animale, il se mit à marcher le long du lac, il souriait et pleurait sans cause, il murmurait des paroles qui n'avaient plus de sens, il ne se détournait de l'eau que par un instinct de conservation pour ainsi dire mécanique ; il avait perdu la mémoire, il n'avait plus cette notion de l'avenir et du passé qui fait comprendre le présent. Il n'était ni déchu ni avili ; mais il avait rétrogradé moralement de dix années.

Dans cette situation où l'avaient plongé des étonnements, des terreurs et des souffrances physiques et morales au-dessus des forces de l'enfance, il n'était pourtant pas dégradé. L'innocence avait épaissi ses voiles sur son âme sans tache. Il n'avait pas cessé d'être homme, puisqu'il n'avait pas enfreint volontairement les lois d'association de l'humanité. Il était simplement ce que durent devenir les transfuges de la société primitive, lorsque, suivant peut-être les chaînes de montagnes qui sont aujourd'hui les îles de la Sonde, ils s'égarèrent sur les continents déserts de l'Australie, où la rupture et l'immersion des continents intermédiaires les séparèrent, pour des milliers d'années, des hommes de leur race (1).

(1) Ceci n'est qu'une hypothèse entre mille. Au fond,

L'enfant des hommes, réduit à la fonction de vivre, put vivre au désert, grâce à la douceur du climat et à la fertilité du sol où le hasard l'avait jeté. L'absence d'animaux malfaisants fut aussi une condition essentielle, et l'on peut y joindre encore celle d'une première éducation robuste et agreste dans une société née de la veille.

si l'homme noir à cerveau déprimé est une variété du type asiatique, un frère de nos races blanches dans la paternité en Dieu, je ne peux guère admettre qu'il soit leur frère par le sang. C'est toujours la même question de succession dans la naissance des êtres, par voie de création divine, et non par voie de génération animale.

Le ciel et la terre devaient donc grandir en beauté et en force, et son regard sauvage resta doux et fier comme la nature, qu'il reflétait. Il se fit même en lui une nature organique supérieure, à certains égards, à celle qu'une vie d'assistance et de relations lui eût permis d'acquérir. Sa vue devint plus perçante, son ouïe plus fine, ses membres plus agiles, son sommeil plus léger, sa respiration plus longue et son estomac moins exigeant. N'étant plus excité par l'exemple attrayant de la vie en commun, il ne connut plus les plaisirs de l'appétit, les saveurs du goût, les jouissances variées du repos et de l'animation; la gaîté, la réflexion, la curiosité, s'éteignirent pour faire place à une gravité muette ou à une activité fougueuse. S'il sentait ses jambes le solliciter au mouvement, il bondissait dans les prairies comme le lièvre qu'il pouvait dès lors atteindre à la course; mais il ne poursuivait pas le lièvre, il ne se souciait d'apprivoiser aucun être ou de posséder aucune chose. Quand son corps, assoupli par l'exercice, réclamait le repos, il se livrait à un repos absolu, sans compter les heures, sans observer la marche du soleil et sans connaître les terreurs de la nuit, ni le ravissement de l'éclat du jour. Il s'était identifié avec la nature extérieure autant qu'il est donné à l'homme de le faire, partageant ses recueillements et ses ivresses, mais ne faisant pas intervenir sa conscience dans l'appréciation de ses charmes brillants ou austères.

Qu'on ne s'imagine pourtant pas un abrutissement quelconque. Il conservait la sensibilité physique qui avertit l'homme, plus que les animaux, des causes de souffrance et de danger à éviter ; il jouissait de la plénitude de la vie plus qu'aucun animal n'eût pu le faire. Son imagination, loin d'être morte, peuplait la solitude de ses jours et de ses nuits d'une suite de rêves qui l'occupaient, sans qu'il songeât à en chercher le sens ni le lien. Il faisait plutôt des efforts pour s'y replonger quand il sentait son cerveau vide. Seulement, nulle lumière ne jaillissait pour lui de cette divagation tranquille, et s'il était heureux ainsi, il ne pouvait pas se dire à lui-même qu'il était heureux.

Que manquait-il donc à ce paisible infortuné? Un cœur pour ranimer le sien, un esprit pour réveiller sa mémoire, une âme humaine pour lui rendre la notion de la vie humaine. Il n'était pas aimé et il n'aimait pas. Il ne pouvait pas s'élever à l'état d'ange ni descendre à celui de bête, et c'est alors que le Dieu de Moïse eût pu dire, en le voyant fleurir stérile dans le jardin du désert : Il n'est pas bon que l'homme soit seul.

LEUCIPPE.

III

Leucippe.

Jusqu'ici, nous avons suivi pas à pas l'existence d'un être primitif dans la limite du possible, et en y cherchant avec soin le probable. Si nous avons vu des yeux de l'optimisme le bonheur relatif dont purent jouir les premières associations humaines, nous n'avons préjugé, ce nous semble, aucun développement trop fantastique de l'état intellectuel et religieux où ces sociétés avaient pu atteindre. Nous avons attribué toute la moralité, toute la pureté et toute la douce félicité dont il leur fut donné de jouir, au sentiment de l'amour restreint au lien de famille. Nous avons dit et nous sommes persuadés que l'amour fut donné à l'homme comme essence de sa vie, et que toutes les fonctions de la volonté, de l'intelligence et du raisonnement eurent en lui, pour base, le premier mobile de l'affection, si puissant déjà chez les animaux, si magnifique dans l'humanité normale.

Nous avons cru ce mobile tellement essentiel, qu'en suivant l'enfant des hommes dans la solitude, il nous est apparu aussitôt épouvanté, désespéré, malade, et, en peu de jours, descendu de tous les échelons que la vie de famille lui avait fait déjà franchir ; enfin, ramené au point de départ de la vie humaine, état de virtualité pure que l'on pourrait comparer, non à celle des animaux, qui ont en eux tout leur développement possible accompli, mais à celle de l'enfant au berceau, qui vit encore dans le chaos des facultés latentes. Je dis le chaos et non le néant. Evenor pouvait être dégagé de l'état de rêve flottant, et initié de nouveau à la vie de relation et de sentiment réfléchi.

Ce n'est pas précisément le hasard qui avait conduit Evenor vers la solitude. Une sorte de fatalité, résultat de son orgueil naissant, l'avait poussé à s'isoler quelques instants. Si la destinée ne l'eût alors saisi et entraîné comme par surprise, il est à croire que, de plus en plus porté à la rêverie mélancolique, il se fût créé lui-même un monde intérieur particulier, peut-être meilleur, peut-être pire que celui du reste des hommes ; mais toutes les légendes veulent que la première faute ait entraîné le premier châtiment, et la raison le veut aussi. Nous ne brisons rien de bien en nous-mêmes, sans que quelque chose de nécessaire à notre vie ne se brise en même temps autour de nous, et les symboles dont l'imagination revêt l'accomplissement de cette loi naturelle ont toujours un fond de réalité frappante. C'est toujours la désobéissance, c'est-à-dire l'oubli d'une loi du cœur.

Légère pourtant dans la forme dut être

cette première faute ; et paternel, c'est-à-dire utile, dut être le châtiment.

Evenor avait donc expié son trop grand amour pour lui-même en se trouvant tout à coup condamné à n'avoir plus de société que lui-même, et dès lors, n'aimant plus rien autour de lui, sa propre individualité lui était devenue indifférente et comme inconnue. L'Eden (l'Atlantide, si l'on veut) lui était devenu comme cet endroit mystérieux (les limbes) où l'on dit que les âmes sans baptême errent dans les ténèbres de l'attente, et il ne pouvait rentrer moralement dans ce doux sanctuaire, où son corps se développait à l'insu de son esprit, que par un acte d'amour et de soumission.

Deux ans s'étaient écoulés depuis qu'il possédait le sublime et terrible Eden, ou plutôt depuis qu'il était possédé et terrassé par la solennité du désert. De tous les instincts qui survivent à la perte de la mémoire, celui de la liberté est le plus tenace, le plus invincible. Evenor s'agitait donc sans but défini, mais sans relâche, pour sortir de sa prison. Il s'essayait sans cesse, non à gravir les escarpements à pic du rocher, pas plus que les animaux, il ne se sentait poussé à faire l'impossible, mais à chercher, dans les masses en désordre, un escalier naturel vers les brèches du cirque volcanique. Ses forces avaient doublé, elles augmentaient chaque jour, et, un jour enfin, il parvint à escalader un bloc contre lequel il s'était longtemps épuisé en vain.

Au sommet de cette plate-forme, l'écartement des blocs supérieurs offrait un passage anguleux et comme enfoui à dessein dans ces brisures de couches rocheuses que l'on nomme *failles*, et qui sont le résultat d'un soulèvement suivi d'un affaissement de l'écorce terrestre. Ce passage en s'était pas encore comblé de graviers et de détritus de plantes. Il était donc, sinon facile, du moins praticable, et, coupant la roche à angle droit, il aboutissait à un massif d'aloës et de cactus entrelacés que l'enfant ne put traverser. Il s'arrêta donc là à respirer un peu d'air frais qui, après sa marche pénible dans cet espace resserré, lui arrivait enfin à travers les branches.

Un raisonnement sain lui eût fait trouver, dans cette circonstance, un indice certain du succès de sa recherche. Mais, à défaut du raisonnement, l'instinct le retint en ce lieu pendant quelques heures, demandant à l'ouïe et à la respiration ce que l'épaisseur du buisson dérobait au témoignage de la vue.

Le bruit des chutes d'eaux voisines était faible, et le chant des oiseaux se taisant par intervalles, Evenor était comme enchaîné par d'autres voix d'une nature indéfinissable. C'étaient des voix humaines, d'abord confuses et enfin distinctes. Et il y en avait deux qui s'appelaient et se répondaient : l'une était comme celle d'une femme, et pourtant elle avait un timbre particulier qui résonnait à l'oreille du fils des hommes sans résonner dans son âme.

L'autre, plus claire quoique plus faible, était plus vibrante, et chaque fois qu'elle s'élevait dans l'enceinte sonore de la gorge ou de la crevasse voisine, Evenor éprouvait comme une secousse électrique. Il se glissait alors le plus avant possible dans les broussailles pour se rapprocher de cette voix, qui, à chaque vibration, semblait enlever de son âme une pesanteur et un voile. La mémoire se réveillait en lui, pâle et délicieuse d'abord, et puis frappante et cruelle, à mesure qu'il s'efforçait de se soustraire d'un bond à l'engourdissement de ses facultés. Un combat inexprimable se livrait dans son sein entre l'habitude de l'apathie et le besoin de reprendre possession de lui-même. C'est ainsi qu'au milieu d'un lourd sommeil, surpris par quelque événement, nous flottons entre l'accablement et l'émotion, accablés et comme ivres.

Les voix se rapprochaient, et celle de l'enfant, toute féminine et toute naïve, sembla s'envoler vers le ciel en un rire brillant comme un rayon de lumière. La voix humaine, le rire de l'enfance, c'était là une musique qu'Evenor n'avait jamais cessé d'entendre dans ses rêveries, et dont il avait cherché en vain à s'expliquer le charme douloureux, lorsqu'il voulait en vain penser à se souvenir. Leur effet fut magnétique et, tout aussitôt, mille images distinctes se pressèrent dans son âme. Il revit le verger et la cabane où il avait vécu ses premiers ans; il vit sa mère et ses sœurs, son père et ses frères, et son aïeul et tous ses jeunes compagnons. Il ressaisit en un instant toute son existence jusqu'au moment où elle avait disparu comme un miroir qui se brise. Alors une incommensurable douleur réveilla toutes les fibres de cette âme engourdie, et s'efforçant contre les obstacles qui s'opposaient à son passage, Evenor s'enfonça plus avant dans les buissons en poussant des cris inarticulés qui s'étouffaient dans des sanglots.

D'abord, ils ne furent pas entendus. La voix de l'autre enfant qui semblait très-rapprochée, continuait ses gammes folâtres et couvrait celle d'Evenor; mais tout à coup les pleurs de l'un couvrirent le rire de l'autre; les accents de détresse effrayèrent la petite rieuse qui se tut, s'arrêta un instant et s'enfuit. Evenor entendit le sable crier faiblement sous des pieds légers, et le souffle d'une poitrine haletante passer tout près de l'endroit où il était ; et même un frôlement de feuillage l'avertit qu'il n'avait plus qu'un pas à faire pour voir l'objet de son angoisse. D'un effort désespéré, s'arrachant aux épines qui semblaient vouloir le retenir comme une proie, il s'élança dans un espace libre, et ne vit plus rien devant lui que deux êtres humains vers lesquels il se mit à courir en gémissant et en étendant des bras désespérés.

Dans une gorge étroite et verdoyante, à vingt pas du massif épineux franchi par

Evenor, une femme étrange était debout, incertaine, inquiète du mouvement d'effroi de la petite fille qui revenait vers elle et qui, en se jetant dans son sein, osa enfin tourner la tête et regarder l'objet de sa terreur. Celle qui semblait être sa mère la reçut avec amour dans ses bras, et s'avança vers Evenor avec un geste de menace ; car Evenor, ensanglanté par les ronces, les cheveux longs et comme hérissés, le corps à peine protégé par quelques haillons de la tunique de peau de chevreau blanc, autrefois préparée avec tant de luxe naïf par sa mère, n'était plus, au premier abord, semblable à lui-même;

on l'eût plutôt pris pour quelque noble animal ressemblant à l'homme, mais incapable de soigner et de préserver son corps et indifférent à la souffrance. Pourtant, lorsque cette femme vit son regard suppliant, son agitation et ses pleurs, elle approcha de lui sans crainte, écarta ses cheveux, regarda son front, et, saisie de compassion, lui dit : « D'où viens-tu, fils des prairies, et que peux-tu demander aux dives du rocher? Les hommes abandonnent-ils donc leurs enfants, ou les chassent-ils de leurs demeures ? Ou bien es-tu né seul sur le sein nu de la terre, comme on croit que vous pouvez naître? Réponds-moi donc, si tu peux répondre, si tu as le don de la parole, et si la langue que je te parle a un sens pour ton esprit. »

La dive troglodyte interrogeait vainement le fils des hommes. Il riait au milieu de ses larmes, satisfait d'entendre une voix compatissante et de regarder des traits qui ressemblaient aux traits humains. Mais les paroles étaient inintelligibles pour son esprit : ce n'était pas le langage de sa race.

La dive se retournant alors vers la petite

fille qui s'était cachée derrière elle : « Enfant, ne crains rien, lui dit-elle ; celui-ci est ton frère et tu peux lui parler. Essaie de lui demander d'où il vient et ce que nous pouvons faire pour lui. »

Alors, des plis de la robe de la dive, Evenor vit sortir le visage de Leucippe. Leucippe avait sept ans. Elle était petite et mignonne pour son âge; mais ses membres, souples et charmants, avaient la force de la grâce, car la grâce est une élégance et une solidité de l'organisation. Sa tête fine était inondée de cheveux ondés et brillants, la blancheur de sa peau était un peu dorée par le soleil, et ses yeux, doux et vifs, répandaient comme une lumière divine autour d'elle. Gaie comme un oiseau, souriante comme l'aurore, heureuse, épanouie, elle ne pouvait ressentir la méfiance que comme la surprise d'un instant : mais elle était si émerveillée de voir un enfant de sa race, qu'elle ne pouvait trouver un mot à lui dire et qu'elle le regardait avec une fixité intelligente, moitié charmée, moitié railleuse, que la dive étudiait avec une sorte de crainte. « Pourquoi ne lui parles-tu pas ? reprit cette mère adoptive de la fille des hommes. N'est-il pas semblable à toi, et ne vois-tu pas que ses yeux veulent répondre aux tiens? »

Leucippe, comme absorbée dans un de ces problèmes dont l'enfance ne sait pas révéler la profondeur, prit doucement la main d'Evenor et regarda le sang dont elle était tachée. La dive, qui suivait ses mouvements d'un œil jaloux, soupira et lui dit : « Cet enfant est seul sur la terre, je le vois bien. Veux-tu l'avoir pour ton frère? » Leucippe garda encore le silence et resta pensive à regarder Evenor qui bondissait autour d'elle avec une grâce sauvage, ivre de joie de voir un être de son espèce, et imitant les ébats d'un jeune faon qui en invite un autre à la course. Ces transports étranges l'étonnaient sans lui déplaire, mais je ne sais quelle hésitation, peut-être un grand instinct de fierté non raisonnée, l'empêchait d'y répondre, bien qu'elle fût vivement tentée de partager cette joie innocente et folle.

La dive Téléïa la prit alors dans ses bras et lui dit en l'emportant :

« Cet enfant des hommes n'a ni raison ni parole. Laissons-le s'en aller. Tu aimes bien mieux ne plus le voir. »

Et elle marcha vers une grotte qui était sa demeure et celle de Leucippe.

Mais Evenor les suivait en sautant et en riant toujours, et Leucippe le regardait par-dessus l'épaule de la dive.

Quand elles furent à l'entrée de la grotte,

la dive n'ayant pu faire rompre le mystérieux silence de Leucippe, lui dit en la posant sur ses pieds :

« Cet être sans raison nous suit toujours, je vais le chasser. »

Et elle menaça Évenor, qui, sans faire attention à elle, cherchait toujours à se rapprocher de Leucippe. Alors Téléïa feignit de vouloir frapper le jeune garçon, qui cessa ses jeux et s'arrêta effrayé et comme désespéré, se coucha par terre et se remit à pleurer.

La dive, regardant Leucippe, vit de grosses larmes tomber sur ses joues rondes et fraîches ; c'étaient les premières de sa vie. Téléïa releva Evenor, et l'emmenant au fond de la grotte où coulait une source, elle le lava, lissa sa chevelure et le revêtit d'un tissu de feuilles de palmiers, ouvrage de ses mains, comme celui dont Leucippe et elle étaient protégées contre l'ardeur du soleil.

Evenor, surpris, cherchait à se rappeler tout ce qu'il avait ressaisi de son passé, rêve incertain qui, tour à tour, l'éclairait et le troublait de ses lueurs fugitives. Il s'abandonnait aux soins maternels de la dive, qui lui retraçaient vaguement ceux dont il avait été l'objet autrefois, et il regardait cette femme grande et pâle dans laquelle il se reprochait de ne pas reconnaître sa mère.

La dive, le ramenant à l'entrée de la grotte, chercha Leucippe qui était sortie sans rien dire et qui revint alors, cachant mal sous le voile de ses longs cheveux une couronne de sauge bleue qu'elle venait de tresser, et qu'après une timide hésitation, elle pria la dive de mettre sur les cheveux de son frère.

— Il est donc ton frère? dit Téléïa en couronnant Evenor qui respirait le parfum des fleurs avec l'étonnement d'une découverte, toutes les sensations lui revenant à la fois. Leucippe était toujours muet et son furtif sourire était plus sérieux qu'enjoué.

La dive, s'asseyant alors, prit Evenor entre ses genoux et lui ajustant sa couronne, l'examina avec un profond recueillement. Peu à peu son sein se gonfla, et des torrents de pleurs coulèrent sur la tête d'Evenor qu'elle couvrait de baisers.

« Dieu bon! disait-elle dans cette langue étrangère aux oreilles du fils des hommes, c'est lui, c'est mon fils que tu me rends sous cette nouvelle apparence! Ce ne sont plus ses traits, mais voilà son regard, et je vois bien que son âme est entrée dans ce beau corps pour revenir me consoler, comme l'âme de ma fille est passée dans le beau corps de Leucippe. Viens, Leucippe, et vois : Ne te souviens-tu pas? Voici ton frère qui est mort le même jour que toi, et qui est revenu du ciel comme toi-même. »

Quoique Leucippe comprît le langage de la dive (elle n'en parlait point d'autre), ses paroles étaient pleines de mystères qu'elle ne saisissait qu'à travers le voile de l'enfance et celui de l'humanité. Sa nature, moins subtile que celle de Téléïa, ne se prêtait qu'à demi à l'initiation qu'elle commençait à recevoir ; mais l'amour qu'elle lui portait était si absolu et si croyant, qu'elle interrogeait peu et acceptait sans chercher le doute. Elle répondit naïvement :

« Je tâcherai de me souvenir ; mais, puisque tu le dis, cela est. Faut-il que j'embrasse mon frère ? »

Téléïa mit Leucippe dans les bras d'Evenor, qui, recevant les caresses de ces deux êtres aimants, voulut crier avec ivresse les noms de sœur et de mère; mais il ne put qu'exhaler une tendre plainte, et, retombant accablé sur lui-même, il se rendit enfin compte de l'oubli qui s'était fait en lui de tout langage.

Leucippe lui parla alors avec de charmantes prévenances, que la dive ne pouvait observer sans un sourire attendri. La petite fille, obéissant à un instinct profond de fierté maternelle, invitait cet autre enfant qui avait le double de son âge, à ne pas la craindre, à prendre confiance en elle, et à compter sur sa protection. Elle ne lui offrait pas l'abri et la nourriture, ne supposant pas qu'un être, quel qu'il fût, pût manquer du nécessaire ici-bas. Elevant plus haut ses idées et ses promesses, par la force naturelle d'une situation qui n'aurait point d'analogue aujourd'hui, elle lui offrait ce qu'elle concevait et ce qu'il y avait réellement alors de précieux sur la terre, l'amour et les caresses de la famille.

Evenor l'écoutait avec admiration. Les douces inflexions de sa voix le charmaient, l'angélique lucidité de son regard lui traduisait les sentiments naïfs qui lui étaient offerts. Il voulait répondre, mais ne savait former que des bégaiements sauvages, et se dépitant de ne pouvoir mieux dire, il sentait une sorte de honte et de douleur au milieu de sa joie.

« Ce fils des hommes, dit Téléïa à Leucippe, qui lui demandait la cause des réponses inintelligibles de son frère, est fâché de ne pouvoir te parler. Je t'ai dit que les hommes, tes frères, avaient une autre manière de s'entendre que celle que je t'ai donnée. Je ne sais pas si je pourrai la donner à celui-ci. Nous essaierons, et s'il s'y prête, bientôt, à nous trois, nous ne ferons plus qu'une âme. »

Dès ce moment, Evenor ne quitta plus Leucippe d'un instant. La dive veillait sur eux, absorbée en eux seuls et semblant ne vivre que de leur vie. Ce qu'elle enseignait à Evenor passait toujours par l'intermédiaire du langage et de la pantomime de Leucippe, et la dive s'étonnait de la promptitude des communications que le geste, le regard et l'inflexion de la voix établissaient entre ces deux enfants des hommes. Téléïa appartenait à une race qui, surtout dans les dernières phases de son existence, avait été plus préoccupée des choses intellectuelles que des relations de la vie pratique; race d'anachorètes, forcément isolés par l'extinction rapide de leur type, et que l'antiquité confondit avec certaines peuplades sauvages, sous la dénomination de *troglodytes, habitants des creux.* La t. ndance de la nouvelle race humaine à s'emparer avidement et ingénieusement du monde réel, dédaigné ou redouté des premiers occupants depuis le nouvel aspect revêtu par la terre, était pour la dive un sujet d'étonnement et de méditation. Nous verrons bientôt combien Téléïa était transformée, eu égard à ceux qui l'avaient précédée dans la vie terrestre ; mais elle était encore loin de pouvoir se plier entièrement à l'esprit d'investigation et d'invention qui porte notre famille humaine à poursuivre le rêve du bonheur en ce monde. Elevée dans une admirable croyance qui, sous diverses formes, s'est répandue comme une céleste lueur sur toutes les religions naissantes de notre antiquité historique, elle pensait avoir retrouvé dans Evenor et Leucippe les âmes des deux enfants qu'elle avait tant pleurés. Mais cette consolation n'était pas sans mélange de douleur. Elle craignait que le rôle de l'humanité nouvelle ne fût une déchéance, et, tourmentée d'un doute secret, elle contemplait ces deux êtres tour à tour avec admiration et pitié, s'effrayant de leur ignorance naturelle à certains égards et jouissant de leur intelligence innée à certains autres.

Educatrice inspirée de l'enfance de Leucippe, elle lui avait donné déjà des notions d'une sublimité qui faisaient de cet être primitif, comparé aux enfants de nos jours, une sorte d'intermédiaire entre la terre et le ciel. Pourtant Leucippe appartenait corporellement à l'humanité, et, par là, elle ne pouvait s'assimiler à la nature plus contemplative et plus austère de la dive. L'impérieux besoin de la joie, cette faculté sainte qui avait été, chez les dives, une aspiration intérieure vers l'idéal, et qui, chez les hommes, était comme une ivresse de l'âme et du corps suscitée par la possession du réel, avait été une condition d'existence pour Leucippe, et Téléïa avait respecté en elle ce besoin d'animation extérieure qui était l'expression, souvent bruyante et emportée, du ravissement intellectuel. Les chants folâtres, les monologues animés et les rires, sans motif apparent, de Leucippe, avaient donc réveillé, par leurs mystérieuses harmonies, les mornes échos des antres habités par la dive, tandis que les sables arides de la grève étaient sillonnés des folles spirales de sa course légère et fantasque au bord des flots. Peut-être les sons lointains de cette voix enivrée d'innocence avaient-ils vibré quelquefois faiblement dans l'air que, sur le revers de la montagne, respirait le solitaire Evenor. Il ne les avait ps distingués des autres souffles de l'universelle harmonie; mais peut-être leur avait-il dû les rêves confus par lesquels son imagination avait préservé sa raison d'un complet anéantissement.

Depuis que cette voix parlait de plus près à son oreille, elle pénétrait pleinement dans son cœur. Une fascination non moins régénératrice, celle du regard de la face humaine, lui parlait aussi un langage dont l'âme humaine a besoin. Evenor ne voyait presque pas la dive, bien qu'il fût toujours à ses pieds ou dans ses bras, jouant, riant et essayant de parler avec Leucippe. Il avait besoin d'un effort de sa mémoire et de sa volonté pour se manifester à elle; et pourtant, il s'habituait, comme Leucippe, à ne plus s'éloigner d'elle, ou à y revenir avec empressement,

au moindre appel de sa voix. Un moment
devait venir où Téléïa serait ardemment
interrogée par son intelligence inquiète,
mais il ne pouvait être initié au retour
de la vie de sentiment que par la fille des
hommes.

Les premiers jours qu'il passa dans la
région des grottes habitées par sa nouvelle
famille, furent agités de grands efforts
pour comprendre ce qu'il voyait. Il s'était
habitué à la beauté de l'Eden sans se la
définir, et le nouveau séjour qui lui faisait

déjà oublier les délices de la vallée voisine, l'impressionnait profondément. Il y était souvent dominé par de secrètes terreurs qu'il ne savait pas s'expliquer à lui-même, et qui le rendaient plus docile à réprimer les effervescences sauvages de son activité. L'austérité de cette nature lui fut intelligible plus tard. Nous devancerons sa lucidité et nous décrirons le désert terrible où, comme une fleur insouciante, Leucippe croissait au seuil des abîmes béants.

Pas plus que l'Eden, ce lieu n'offrait

d'issue aux pas humains. C'était un cratère touchant à un autre cratère et dont l'enceinte basaltique s'était soudée à l'enceinte voisine comme deux anneaux d'une chaîne. Si l'on pouvait embrasser de l'œil le plan en relief de certains rivages maritimes, ou de certaines chaînes volcaniques, on se représenterait, par la pensée, l'époque où ces larges coupes creusées dans le roc, les unes qui sont aujourd'hui pleines de végétation, les autres de débris encore intacts, furent comme les pierreries ardentes d'un collier de feu jeté dans un certain ordre fatal sur la face de la terre, ou jaillissant du sein des mers. Ces explosions souterraines portent souvent la date de différents âges, l'incandescence des unes ayant succédé ou survécu de beaucoup à l'épuisement des autres. Quelques-unes, même dans les régions refroidies depuis de longs siècles, conservent encore un foyer de chaleur très-sensible, des sources bouillantes, des étangs bitumineux, des exhalaisons sulfureuses et un sol brûlant que rasent des lueurs sinistres. Ce sont les solfatares, qu'en divers lieux de la terre nos aïeux ont appelées Ténares, et où, à côté de zones d'une éternelle stérilité, s'élèvent des végétations luxuriantes qui semblent braver ces fureurs plus ou moins bien endormies.

C'était sur un de ces foyers mal éteints que la dive avait fixé son autel solitaire. Ignorant le voisinage de l'Eden, dont l'accès facile pouvait échapper à de longues explorations et n'être découvert que par une circonstance fortuite, elle avait préféré aux divers anneaux de la longue chaîne volcanique rivée depuis des siècles autour des débris de sa race infortunée, celui qui lui rappelait ses dernières affections et ses dernières joies. Plus tard elle révéla à Evenor comment ses pères avaient subi l'attrait de circonstances locales qui leur retraçaient l'aspect de la terre au temps d'une occupation plus générale et plus heureuse, et aussi comment le même ébranlement souterrain qui avait fermé pour lui le chemin de l'Eden vers sa terre natale avait détruit le passage de la solfatare aux autres vallées, le long de la plage maritime maintenant envahie par les flots.

C'était surtout le voisinage et l'aspect découvert de ces flots immenses brisant avec fureur contre des masses de rochers jetées çà et là comme des ruines gigantesques, qui frappaient Evenor d'une muette stupeur. Des collines de l'Eden, il avait aperçu la mer, mais séparée de la vallée par un vaste massif de rochers qui protégeait sa pensée et qui éloignait de sa vue et de son audition le mouvement et le bruit du formidable élément. Dans les jours d'orage, il avait confondu sa voix avec celle du tonnerre; dans les jours paisibles, son murmure s'était perdu avec celui des cascades de la montagne. Vue et entendue de près, la mer lui semblait brutale et menaçante, et ce ne fut qu'au bout de quelques jours qu'il s'habitua à suivre Leucippe sans terreur jusqu'au bord des premières ondes, où la rieuse fille aimait à tremper ses petits pieds dans l'écume jaillissante et à ramasser les coquillages étincelants abandonnés par la vague.

La solfatare, plus inclinée vers la mer et plus rapprochée de la grève que l'Eden, n'offrait pas la même forme dans toute son enceinte ; c'était un hémicycle plutôt qu'un cirque. Le fond de l'excavation centrale n'était pas un beau lac bordé de fleurs, mais un gouffre où bouillonnaient d'invisibles eaux chaudes et d'où s'exhalait une chaleur suffocante. La dive seule approchait de ce lieu redoutable, dont de grandes masses de roches ponceuses, d'une forme bizarre, masquaient les abords effrayants. Elle en éloignait les enfants et se tenait habituellement avec eux au flanc de la montagne, que couvrait une épaisse forêt de pins énormes et de chênes séculaires. Là, dans une gorge étroite et ombragée où régnait une chaleur uniforme, elle avait gardé pour retraite une caverne où le travail des dives avait laissé ses traces à côté de celui de la nature. Les voûtes, creusées dans la roche friable, étaient revêtues de peaux d'animaux et de palmes séchées assujéties avec une solidité barbare, qui ne rappelait en rien l'élégante et fragile commodité des cabanes où Evenor avait passé son enfance. Plus durables et plus austères étaient les établissements dans le rocher. On y sentait l'amour du recueillement plus que celui du bien-être, et l'absence de ce besoin inné dans l'homme, de changer ses habitudes et de recommencer son ouvrage pour l'embellir autant que pour l'améliorer. Evenor voyait, dans cette grotte, la dépouille superbe d'animaux inconnus, des vases de métal, des armes et des outils dont il ignorait l'usage, des vêtements, des bandelettes, et, sur tous ces objets, des caractères hiéroglyphiques qu'il prenait pour des ornements, et qu'il se croyait capable d'imiter sans les comprendre. Il s'étonnait de voir Leucippe lire, avec l'aide de la dive, quelques-uns des caractères, et longtemps il crut qu'elle parlait à ces objets inanimés, et qu'elle attendait d'eux une réponse qu'il s'efforçait en vain d'entendre.

Cette étrange demeure était vaste et se composait de plusieurs salles communiquant par des galeries. Le soir, la dive allumait une torche de résine qu'elle avait recueillie elle-même aux pins de la forêt, et qu'elle laissait brûler toute la nuit à l'entrée principale des grottes. Avant de s'endormir sur sa natte, Evenor la voyait aller et venir mystérieusement à la lueur bleuâtre de ce flambeau, comme une ombre inquiète. Quelquefois, elle semblait irritée, menaçante, et alors elle sortait brusquement. Quand il s'éveillait, il la voyait revenir plus pâle que de coutume, l'œil éteint et la démarche brisée. Il commençait à s'interroger sur toutes choses et à connaître la peur ou la méfiance; mais, dès que Leucippe ouvrait ses beaux yeux à l'aube nouvelle, son sourire éclairait, comme un rayon matinal, la sombre grotte, la sombre forêt et jusqu'au sombre visage de la dive, attendrie et comme vaincue. Evenor se sentait rassuré, et il lui tardait de savoir parler pour interroger Leucippe sur toutes ces choses mystérieuses de sa nouvelle existence.

LE VERBE.

IV

Le Verbe.

Pendant toute une saison, Leucippe se fit le guide et comme la tutrice de celui qu'elle appelait son frère. Elle le conduisait dans tous les détours des brisures de la montagne, dans toutes les profondeurs de la forêt, dans toutes les déchirures du rivage, qu'elle connaissait comme un enfant de nos jours connaît les allées d'un bosquet et les terrasses d'un jardin. A chaque site, à chaque objet, elle le forçait à en dire le nom comme elle le disait elle-même; mais cette langue des dives, plus étendue et plus abstraite que celle des hommes, n'en avait ni la précision, ni le réalisme. Evenor avait beaucoup de peine à en retenir les définitions souvent très-complexes, et lui qui avait été l'inventeur ou le redresseur ingénieux et logique d'une partie du langage de sa tribu, il éprouvait le besoin de définir et de caractériser lui-même les objets et les actions qui s'y rapportent directement. Il arrivait ainsi à retrouver la plupart des mots et des constructions qu'il avait appris ou créés, et qu'il croyait créer et découvrir à l'instant même. « Sur notre malheureuse terre, a dit un poëte aux idées profondes, l'homme est souvent obligé de recommencer l'œuvre de son avancement. Souvent il croit apprendre pour la première fois, et il ne fait que se souvenir. »

Il arriva que Leucippe, dont l'intelligence continuellement exercée par les enseignements de la dive, n'avait pas éprouvé, comme celle d'Evenor, une lacune et comme une fuite momentanée de sa source abondante, apprit plus vite la langue d'Evenor que celui-ci n'apprit la sienne. L'esprit de la petite fille était plus docile, plus prompt à s'assimiler les notions acquises, plus pénétrant et plus souple. Celui du jeune garçon était plus rebelle à l'action d'autrui, mais plus puissant à se dégager lui-même, plus fort de sa propre force, plus créateur, en un mot;

L'initiative était sa vie, et quand une idée s'emparait de ces deux enfants, Evenor en était le foyer, Leucippe en était le rayonnement. Par le fait du long isolement et de l'espèce d'égarement que le jeune garçon avait subis, comme par le fait de l'initiation que la petite fille avait déjà reçue, leurs âmes avaient le même âge, et Evenor ne se disait pas que Leucippe était un enfant et lui un adolescent. Éclairée d'une lumière religieuse, elle lui était supérieure dans un certain ordre d'idées qu'il ne pouvait aborder encore; mais, ignorante de la vie de relations et de progrès, si elle était plus propre à cultiver l'idéal poétique, elle devait bientôt trouver en lui une aptitude plus prononcée à la sagesse et à la science sociale.

Il arriva donc qu'en se jouant, Evenor et Leucippe retrouvèrent une langue qui leur était commune et que la dive n'entendait pas. Un jour, elle fut surprise de les entendre converser ensemble, et son front soucieux trahit une jalousie et une inquiétude maternelles. Mais elle se recueillit et dit à Leucippe, qui se tourmentait de sa tristesse :

— Ma fille, ce que Dieu a fait est bien. Il t'a envoyé un frère, et il lui a donné une parole que tu as reçue. Je ne pouvais te donner que la mienne, et Dieu n'a pas voulu qu'elle pût te suffire. Ce que Dieu veut, je dois le vouloir.

Ce mot mystérieux de la Divinité, que la

dive prononçait sans cesse, trop souvent peut-être pour des oreilles humaines, et dont elle faisait intervenir l'idée dans tous les événements de sa vie avec une certaine tendance au fatalisme, frappait l'attention d'Evenor. La soumission passive que Leucippe montrait devant cette parole lui en faisait pressentir la portée. Il devinait aisément tout ce que se disaient la mère et la fille dans leurs communes et légères préoccupations du monde réel; mais lorsqu'elles semblaient s'occuper d'un être invisible, et que la dive, montrant les astres à Leucippe, paraissait lui révéler des merveilles qu'Évenor n'apercevait point, il regardait autour de lui avec crainte, comme s'il eût attendu quelque prodige.

Ce secret dont il semblait exclu vint à le tourmenter étrangement. Il se sentait comme humilié, comme jaloux de la dive, qui détournait quelquefois de lui, pendant quelques instants, l'attention et la sollicitude de Leucippe. Il se disait que la faute en était au peu d'efforts qu'il faisait pour apprendre leur langage, et il résolut de l'apprendre, dût-il encore oublier celui de sa race. En peu de jours, il sut donc comprendre Téleïa et lui répondre ; mais son vocabulaire était encore borné à l'échange des idées les plus élémentaires, et lorsqu'il voulait exprimer autre chose que des faits immédiats, et désigner d'autres objets que les objets palpables, il était aussi inhabile dans une langue que dans l'autre. Son esprit et son cœur étaient plus avancés qu'il ne pouvait l'exprimer, et il se livrait à de naïfs dépits quand on ne devinait pas son émotion ou sa pensée.

Un soir, il se sentit si accablé de son impuissance, qu'il s'en alla seul dans l'Eden. Il avait déjà presque oublié que ce lieu d'abondance et de délices existait si près de l'austère et grandiose séjour de la dive. La vision de son royaume à lui, les charmes de son désert lui revinrent tout à coup à l'esprit, avec le souvenir des pleurs qu'il y avait versés et des vagues extases qui l'avaient calmé. Leucippe dormait dans la grotte auprès de la dive, et la lune montait dans les cieux, claire et sereine.

Ranimé à la vue de son paradis, Evenor

se mit à chercher l'inconnu en lui-même. Que lui manquait-il donc, qu'il était quelquefois triste, confus et comme seul entre Téléïa et Leucippe? Il savait, comme elles, le nom de toutes les choses visibles, mais il sentait qu'elles pouvaient échanger des témoignages d'affection plus élevés et plus pénétrants que les baisers et les étreintes de l'amour filial et maternel. Elles savaient se dire leur mutuelle tendresse ; et lui, il n'avait que les caresses pour exprimer son sentiment. Les oiseaux que Leucippe apprivoisait en savaient donc autant que lui. S'ils avaient un autre

langage d'amour, elle ne l'entendait pas,
et ce n'était qu'avec la dive qu'elle trouvait, dans la parole, une effusion complète et toujours nouvelle.

Il s'avisa donc de ceci : que les sentiments ont leur expression parlée comme les actions, et que le verbe peut caractériser des élans de l'âme et de l'esprit, aussi bien que des besoins et des curiosités de l'instinct. Il sentit, sans se le définir, comme nous le faisons à sa place, que le véritable verbe qui fait l'homme est là tout entier, et que l'âme a une voix qui peut et doit passer par les lèvres. Il s'épuisa à chercher dans son cerveau le mot suprême qui devait résumer son affection pour Leucippe et sa reconnaissance pour Téléïa, et, fatigué de ne trouver que des définitions correspondantes à celles-ci : « Je te vois, je t'entends, je te suis, je t'appelle, » il s'endormit sous un arbre, et continua de chercher dans le rêve ce que la veille ne lui avait pas donné.

C'est alors qu'il entendit une voix lui

parler. C'était la voix même de Dieu qui résonnait dans son âme et qui tantôt semblait planer comme un chant sur sa tête, tantôt vibrer dans sa poitrine comme un souffle vivant. Et cette harmonie sacrée murmurait un seul mot, toujours le même, un mot nourrissant comme le miel et rafraîchissant comme la brise, chaud comme le soleil et clair comme les cieux, le mot de la vie, la formule de l'être.

Quand Evenor s'éveilla, ce mot remplissait pour lui le ciel, et la terre, et lui-même. Il était ivre de joie : la beauté des choses lui parlait, et il la comprenait enfin en même temps qu'il la voyait. Il saisissait le sens des baisers que Leucippe, assise sur les genoux de la dive, envoyait aux étoiles et aux fleurs, quand la dive lui parlait de Dieu.

Il courut aux grottes et y arriva au premier rayon rose que le soleil levant glissait comme furtivement sous le seuil ombragé. Pour la première fois, ce seuil festonné de lierre et les parois blanches et brillantes du rocher lui parurent un portique splendide et sacré devant lequel il s'inclina en frissonnant de joie. Leucippe, surprise de le voir déjà levé, accourait à sa rencontre, gaie comme à l'ordinaire ; mais elle s'arrêta, saisie de l'émotion qu'exprimait la physionomie d'Evenor, et, sentant que quelque chose de nouveau se passait en lui, elle l'interrogea. Evenor l'entoura de ses bras, et, lui montrant la dive, la grotte, le ciel, les arbres, la terre humide de rosée et la mer lointaine; les oiseaux volant dans les feuillages, les fleurs encore penchées sur leur tige dans l'attitude d'un mystérieux sommeil; et les cimes de la montagne et les eaux bondissantes, il lui dit : J'aime !

Leucippe trouva cette parole si naturelle qu'elle n'y répondit que par un baiser. Et cependant elle appela la dive pour lui montrer Evenor, en lui disant : « Il a dit le mot qu'il ne pouvait pas comprendre, il a dit : J'aime. »

— O fils des hommes ! s'écria la dive après

avoir fait répéter à Evenor ce mot qu'il prononçait pour la première fois de sa vie, tu as enfin trouvé la formule de ton adoption complète et de ton hyménée avec Leucippe. C'est là le mot profond, qui ne s'enseigne point et que Dieu seul peut révéler. O Dieu créateur! tu es le père de cette race, je le vois bien, et tu as mis sur les lèvres de cet enfant le sceau de ton alliance. Voici la parole qui n'a point de sens pour quiconque n'est pas inspiré du ciel. La matière aspire, désire ou veut. Il n'y a que l'esprit qui bénisse et qui aime. Ce mot, qui ne répond qu'à des besoins supérieurs de l'être, est donc la clef de la vie supérieure. Ah! cette race doit vivre et vivra. L'essence divine est en elle, et celle qui a revêtu la substance de cet enfant est de même nature que celle de Leucippe et la mienne. Que ses organes soient plus ou moins parfaits, plus ou moins subtils, que sa liberté soit plus ou moins complète, tu n'en as pas moins mis ton amour infini dans cette créature, et elle n'en est pas moins au premier rang sur l'échelle des êtres.

FIN DU PREMIER VOLUME.

TABLE

DU PREMIER VOLUME.

Préface.	3
Introduction.	7
La création.	9
Le paradis terrestre.	61
Chap. I. L'âge d'or.	115
II. La solitude.	179
III. Leucippe.	221
IV. Le Verbe.	279

Sceaux, imp. de Munzel aîné.

POUR PARAITRE PROCHAINEMENT.

UN ROMAN NOUVEAU DE GEORGE SAND

Grandeurs de la vie domestique.

M. DE BOIS-D'HIVER

PAR CHAMPFLEURY.

SCEAUX. — IMPRIMERIE DE MUNZEL FRÈRES.

www.ingramcontent.com/pod-product-compliance
Lightning Source LLC
Chambersburg PA
CBHW071519160426
43196CB00010B/1575